人生實用商學院

培養理財的富腦袋

陳重銘、吳淡如 —— 著

時報出版

目錄 *Contents*

作者序

學習投資理財，讓你選擇未來的人生

陳重銘

　　俗話說：「龍生龍，鳳生鳳，老鼠的兒子會打洞」，前兩句講的是基因，龍只能生出龍，鳳也不會生出雞來，最後一句講的是傳承，因為老鼠爸爸只會打洞，所以老鼠的兒子也只能跟著打洞。如果老鼠的爸爸會飛天，那麼老鼠兒子也會像老鷹般飛翔了。可是老鼠沒有翅膀，要如何飛翔呢？

　　我出生在 50 多年前的鄉下，我的阿公種田，爸爸在菜市場賣米，從小沒有人教我飛翔，我只能跟著大家一起用功讀書，那個時代因為小孩多但是學校少，升學的壓力很大，考不到 90 分就等著挨板子。等到我一路過關斬將，研究所畢業後，我茫然了，不知下一步要幹嘛？於是又跟著同學一樣到企業求職。

　　記得剛上班的第一個禮拜過得非常痛苦，以前讀研究所時儘管經常忙到晚上，但是累了可以趴在桌子上充電，或是到游泳池運動清醒一下。但是上班時主管跟同仁的眼睛全盯著我，完全沒有了自由，有時候眼皮重到

支撐不住時，只能躲到廁所坐在馬桶上面眯個10分鐘。

　　一位資深老鳥看到我這般適應不良，就問了我一個問題：「你讀了那麼多的書，究竟是為了什麼？」我當場愣住講不出話來，老鳥跟我說：「還不是要工作賺錢養家」，然後他又給我補了一刀，說他上班十多年的感覺就像是在「坐牢」。然後聽他述說因為不會巴結長官，懷才不遇而無法加薪跟升官，每天要辛苦加班到深夜，才可以賺到微薄的收入來養家活口，說到激動處還聲淚俱下，對於剛出社會的我，著實是一場震撼教育。

　　當時我認清現實後只能乖乖坐牢，然後祈禱一切順利，25年後刑滿出獄。我從民國83年開始工作，前後換過六個工作，後來在公立學校捧了18年的鐵飯碗，民國108年我遞出了辭呈，結束了25年的職場生涯，我終於出獄了！

　　如果可以飛翔，我相信沒有人想要趴在地上，畢竟頭頂的天空是無窮大，重點是你要有一對翅膀。我上班了25年，只能日復一日、年復一年，靠著勞力賺取家庭的溫飽；但是我不斷的學習投資理財，幫自己裝上一副翅膀後，我可以開除工作，讓自己飛向更寬廣的天空。

　　人生辛苦一輩子的目的在哪裡呢？一開始我覺得是「自由」這兩個字，很多人打拚一輩子到65歲退休

後，終於可以睡到自然醒，自由自在地遊山玩水。但是，65 歲後年紀大了、體力衰退，甚至有不少人開始受到病痛的侵襲，也無法自由自在地過日子。如果自由來得太慢，能夠算是自由嗎？

我終於了解自由的另一層意義是「選擇」，在我存股票達到財務自由之後，我可以選擇開除教書這個鐵飯碗，不用再為五斗米而折腰，我有能力選擇自己想要過的生活，這就是自由。

我在學校教了 23 年的書，看過不少望子成龍的家長，我也跟許多的家長一樣，三個孩子都送到安親班學才藝跟補習功課，希望可以贏在起跑點上。但是我心裡有數，不是每一個孩子都可以考上名校，也不是每一個名校畢業的都找得到好工作，就算將來的薪水待遇很不錯，也很可能是賣肝賣命換來的。我們的孩子辛苦讀了那麼多書，最後也只是要去社會上坐牢嗎？

萬一孩子的聰明不夠呢？萬一孩子不夠努力呢？萬一孩子懷才不遇呢？萬一孩子將來被家庭跟房貸壓得喘不過氣來呢？我在孩子小時候也很擔心，一直思考要如何才能逆轉勝？最後想到的還是幫他們裝上一副「投資理財」的翅膀，從小幫他們存股票，長大後股利就會支撐著他們的未來，孩子的人生會多了一個選擇，不必再為五斗米折腰。

知識才是決定你未來人生的重要推手，學校只會教你好好讀書，然後到社會上工作跟坐牢，到時候你後悔也來不及了。人無遠慮必有近憂，趁現在好好學習投資理財的知識，不僅可以幫你裝上一副翱翔的翅膀，更可以讓你選擇未來的人生，才是真的贏在起跑點上。

作者序

理財，先改變想衝浪的腦袋

吳淡如

「現在可不可以進場？」

其實，我只要聽到這個問題，我就明白了，我眼前的發問者，肯定把自己當賭徒。

長期投入且規律性的進場，買入具長期價值投資的股票或資產，是成功投資者的鐵律。一直在看什麼時候要進場撈一筆的人，很像菜鳥衝浪者（話說，如果是衝浪冠軍，應該不需要問別人這個問題），他渴望用自己不熟練的身手，僥倖衝一波浪，成功到岸邊之後，歇手，也不再進行任何練習，靈巧等待下一次成功的衝浪。

下一次，他還是要問別人：現在可不可以進場？會問人「時機」問題的肯定非專業。

就算他成功跟著進場幾次，也順利回到岸邊，可以想見的是，他對自己的幸運會越來越有信心，結果，有非常大的機率在一次大浪中覆沒。

經濟發展長年繼續往上的台灣，曾是衝浪者天堂。

不少人津津樂道地講述著自己衝浪成功經驗。過往我看過什麼「初次入場一年獲利百分百」就來寫書的大學生──其實是他拿十萬元炒股，很幸運地在牛市買了投機股，結果財富總額到達二十萬元，嗯，就來當老師；也訪問號稱「買股大賺五千萬」的主婦，按照書中所寫，其實是定期定額為她贏得第一桶金，她運用低利貸款買了房子，而她的住房很幸運地在幾年內翻了一倍，此後偶爾在股市進出……她自己也很謙虛地說：「這個書名是出版社要取的啦……」

　　知名的衝浪者包括台股早期的 N 大天王，呼風喚雨的他們也是經濟成長期的牛市產物。天王們把膜拜他們的信徒當成墊腳石，以明牌來吸引跟隨者然後倒貨給他們。天王的下場證明了人力不能迴天運，請大家可以搜尋，我不想落井下石。最後沒落跑的天王，其實是因為他自己開銀行還買了精華區房地產。

　　理財，一定要理腦，有理財腦的必然不是賭徒，必有長期策略，深明複利原理而遵守投資紀律，絕對不會孤注一擲。你不要急，不要運用太大槓桿，否則必然沒什麼好下場。有個「傳說」正點出了這個法則：

　　貝佐斯（Jeff Bezos）曾經問巴菲特：「你的投資理念與方法都非常簡單，就是買進指數和好公司，然後就放著不動，讓時間幫投資人獲利，但為什麼大家都不

聽？」

巴菲特：「因為很少人願意慢慢變有錢，多數人都只想要快速獲利。」

「快速賺錢」其實也是詐騙集團擅長使用的關鍵字，只要你上網搜尋，你就會很容易找到這些「團員」的所在。偏偏，那也是絕大多數想致富者的關鍵字。

理財，先改變腦袋，肯定有致勝理性法則，但不會有明牌，不會出現一個仙女把你的南瓜變成馬車，老鼠變成車夫，然後一路向皇宮，讓你和帥透了的王子從此快樂過日子，雖然，我們喜歡這樣的神仙套路。

如果你有耐心「慢慢變有錢」，你再來看這本書，否則，在此就可以打住。

這也是我和陳重銘老師，基於合作「培養理財的富腦袋」線上課程而衍生的一本理財觀念書，和課程並不完全相同。

線上課程著重於看和聽。的確每個人能夠吸收知識的方法不同，有些人希望用聽的，有些人希望用看的，而有些人用讀的，更能夠吸收，也更能隨時查閱與檢索，這就是這本書存在的原因。

陳重銘老師對於台股個股的歷史以及股性有相當精密地研究，而我比較偏向於理財概念和經濟學的發揚，你看到這本書時，我正在唸商學院博士班，主修經濟

學，當然還不是專家。我強調的概念，並不只在理財，在人生各領域都很實用：不要處處尋找「效率」，你一身的謀生技能，應該也不是很快就學會的吧？從來也沒有人遇過一個神仙教母把你的公寓變成帝寶，對吧？

循序漸進，並且找到好方法，不要企圖衝浪然後乞求在浪口餘生，是很簡單又重要的概念。

其實只要理財概念正確，願意慢慢存，找到正確策略慢慢富有，讓財富自己產生複利效果，任何一個人想要在無法靠命來換錢的時候，持盈保泰並不難。

我相信大部分人野心不大，並不是真的希望一夜致富，而是希望年輕時那麼努力工作的自己，可以換得一個不需要憂慮錢財的下半生。

理財，當然越早開始越好。

萬一很晚才悟到（多半是發現自己努力了半輩子竟然什麼都沒有），那也比沒有開始好。

你只要懂得一些非常簡單的原理，並且實行。

財富的本質，照以往的成功者而言，其實是簡單的。要理財之前，請先理心和腦。那麼，《培養理財的富腦袋》這本書，就可能是一本內容非常簡單的財富祕笈。

CH 1

培養富腦袋是
最好的投資

01

提早幫自己種一棵搖錢樹

 陳重銘說

　　在台東縣池上鄉的伯朗大道上有一棵茄苳樹，2013年長榮航空在此地拍攝廣告，這棵樹也因為金城武乘涼奉茶片段而爆紅，後來被稱為「金城武樹」，從此成為台東知名地標，引起觀光熱潮，預估每年觀光產值達新台幣 5 億元，也帶動地方繁榮。但觀光熱潮下帶來的是垃圾與觀光客不當地踩踏農作物，當地農民不堪其擾，甚至想將樹砍掉。

　　首先要請問各位：踩踏農作物是旅客的錯，樹是不是無辜的？當然是。農民說想將樹砍掉應該是氣話。不過這使我聯想到：有些人在股票栽了跟斗，卻怪股市萬惡淵藪，這個邏輯才不對吧？相信聰明的你會有答案。

那麼我們再來看一個生活上常有的邏輯：一次談戀愛失敗，就再也不相信愛情了，對嗎？女人在婚姻上遇到了不太平順的事情，就說天下男人沒有一個是好東西，這個說法公平嗎？很多人為了錢做壞事當詐騙集團，這是錢的錯，還是人的錯？

這都是商學院很接地氣的「行為經濟學」，幫助我們不要犯「以偏概全」的錯誤，做出較理性的決策。

什麼是金錢上理性的決策呢？你需要一個好幫手。

那個幫手的名字叫做：時間！

在金錢的世界，想要在極短時間內賺到一輩子夠用的錢，都是夢想，你最好只是在夢中想一想！

再回到那棵茄苳樹。這棵樹並不是在金城武拍片時才種下，大約在 1970 年代，當地農民在水稻旁種下這棵樹，用來綁牛隻和農閒乘涼休息。40 年後的茄苳樹苗長成樹徑粗壯、一片油綠的大樹，金城武才可以拍廣告啊。以前我在課堂間，也會考考學生「什麼時候種樹最好？」學生會七嘴八舌的搶答：春天、夏天、秋天、冬天、下雨天……，通通都不對！答案是「20 年前！」因為「前人種樹，後人乘涼。」時間，是人類最大的幫手和敵人，就看你如何與它交手。

大家都知道股神巴菲特很富有，卻往往忽略他認真投資股票一輩子。11 歲就開始投資股票，投資股票需

要時間加持，才能夠好好發揮複利效果，如果你在很久以前就開始投資，恭喜你可以收成了；如果你以前沒有投資，現在就要馬上開始，20 年後你才會有一棵搖錢樹，如果策略正確，說不定你還會有一片森林。前面省吃儉用、定期定額投資也許很辛苦，但是後來的複利效果，不斷放大你的資產。巴菲特說投資是雪球，要有夠長的坡道和夠濕的雪，讓雪球慢慢滾大，你會越來越「無痛」，愜意享受無所事事的悠閒與快樂。

➧ 從現在開始掌握，未來就不會為難你

「The Future Is Now.（現在，就是未來。）」是2002 年電影《時光機器》（*The Time Machine*）中的一句台詞。男主角亞歷山大深愛的未婚妻艾瑪因為意外而過世，傷心欲絕的亞歷山大為了與艾瑪重逢，費盡心力打造出一部時光機，可是當他滿懷希望，回到過去與艾瑪重逢時，艾瑪卻一次又一次的死於不同意外。命運竟然不能改變，失去的還是失去了。

亞歷山大只好到未來去尋找答案，他在未來的世界中看到一句話「The Future Is Now」。他體會到，正是因為艾瑪今天的死亡，才讓亞歷山大在未來發明了時光機；如果艾瑪沒有死，就不會有時光機了，所以「未來」是由「現在」決定的。

科技一直在進步，未來有可能發明時光機器嗎？馬上來腦力激盪一下，如果我年老時，買到一部時光機，我一定會回到過去告訴年輕時的我要買哪幾支股票，然後我早就成為全球首富了，真是有夢最美啊！

　　東野圭吾的《解憂雜貨店》，寫的就是一個很類似時光機器的故事，雖然時光機器是以白色的信紙出現，現在的人可以跟 30 年前的人對談。故事中的女富翁，就是因為不斷收到 30 年後的人告訴她什麼股票會賺錢而致富。這當然是一個幻想的故事——雖然我們都想收到這樣的一封信！

　　在股市中當事後諸葛亮很容易，誰都會說早知道，但誰都沒有時光機而專買個股或飆股，想要賺價差下場也絕對不是太好看。想一想如果 30 年後的你，要感謝現在的你做對了什麼事的話，那麼，一個正確的投資決策是重要的。

　　有一個重點邏輯在於：股市每一年都配發很多股利，也就是說股利是跟著它所投資的區域的經濟在成長。它通常也跟經年累月通膨（這裡指的是良性通膨）的成長會成正比。

　　現在的你要做什麼才能改變未來呢？經濟條件和好好生活肯定正向相關。你需要好好理財而且一步一步用一種可能「與時俱進」的方法來增加自己的財富。

　　從現在開始理財，並且不要貪圖一夜致富的可能，的確可以慢慢翻轉人生。

　　我一直相信，「未來掌握在現在的手上」，我們沒有辦法改變過去，但是現在的自己絕對有能力去改變未來。如果你現在認真學習，好好存股票，將來就會有股利來養你一輩子！沒有富爸爸、沒有含著金湯匙出生，這些都不重要了，別浪費時間在抱怨上，你要做的是把握現在你還有的坡道，讓雪球滾動，努力幫自己打造退休聚寶盆，「未來」的你才會感謝現在的你。

▣ 看山是山，看山不是山，看山還是山

　　這是宋代禪宗大師青原行思提出參禪的三重境界，這三偈語頗富禪機地寫出了人生看透世事後的返璞歸真，我也藉著這三偈語，分享「搖錢樹三重境界」：

　　1 看山是山：在我小時候，童話故事中的金雞母、搖錢樹，我都很天真地相信，還一直想著金雞母是吃了什麼才能夠下金蛋，然後要去哪裡找搖錢樹呢？年幼的我完全相信有金雞母跟搖錢樹，看山是山。

　　2 看山不是山：等到我從學校畢業開始上班之後，發現每一毛錢都是自己辛苦工作賺來的，而且老闆只會付出「你不滿意，但仍可以接受」的薪水，從來都沒有看過錢從天上掉下來。這時候再也不相信金雞母跟

搖錢樹，看山不是山。

3 看山還是山：我存了 30 年的股票，股票越存越多張，像是台積電、中信金、元大金、台泥、亞泥……，2022 年共可領到超過 500 萬的股利，而且我完全不需要去這些公司上班。這時候我又相信錢會從天上掉下來，股市就是我的金雞母跟搖錢樹，看山還是山。

「搖錢樹」並不是要你好吃懶做、坐享其成，而是要你思考人生的另一個可能，抓住改變人生的機會。曾經有網友在粉絲團吐槽，陳重銘你一直教導大家種搖錢樹，讓錢自己流進來，不就是要大家好吃懶做嗎？他希望我能端正社會的風氣，叫年輕人認真上班。那麼，什麼是認真上班？不就是「幫老闆賺錢」嗎！只要你認真工作，老闆可以買豪宅、董娘買珠寶、公主買包包、少爺買超跑，老闆的一家會非常感謝你，然後你只有領到少少的薪水，還要加班賣命一輩子！ 📊

 吳淡如說

在這裡，我要補充自己的人生說法了。是的，從小立志當文青，缺乏現實意識的我，又有什麼不同的「搖錢樹三重境界」？

1 為尋找人生出口：我從小就喜歡寫作文。事實

上可能是因為太寂寞。自己在紙上講講話挺好。

　　還有，我發現身邊的大人都是柴米油鹽醬醋茶。怎麼好像沒有人講一些感覺上「有座梯子可以到達哪裡」的話。

　　於是我發現了書，我常試著練習，跟書上「偉大的人」一樣的說話方式。然後練就了一種自己也不知道是專業能力的能力，很能寫。常常被派去參加作文比賽以及演講比賽，因為演講比賽也是即席演講，沒有人會幫你寫稿，在腦海裡寫稿是必備的能力。

　　雖然當時的題目非常廣泛，而且都充滿道德重整的意味，有一點無趣，但也養成了看題目就能發揮的本領。幼小的我覺得，為什麼只要是演講和作文比賽，總是教我說「不是真心話」的話呢？擬定什麼題目，就得按著說話，太沒自主權了。於是我發誓，有一天我一定要當作家寫真心話……。

　　2 用斜槓工作為自己鍛鍊：以前當編輯的時候，只要有人缺稿，沒交稿子，開天窗，就算只有 3 個小時還欠一萬字，我也會拚了命趕出來。給我資料，不多久就能夠下筆，也是在上班族薪水之外，我賺取稿費的謀生方式。廣告部不會寫稿，廠商要買置入型廣告，我也很認真幫忙，因為稿費比較高。這時候就要跟企業主好好聊，看什麼樣的稿子可以幫忙商品促銷和增益社會形

象。當時是還有排版工人的時代，並不是利用電腦就可以馬上發稿，接這種很臨時的稿子常常會被排版部的同事瞪，以為是我拖延了他們的下班時間，殊不知我也是臨危受命啊！

本來好像只是為了有一些精神力量可以好好活下去，後來慢慢成為一種能力，感覺好像是打工賺錢的斜槓人生，但其實是把這個能力訓練得更精良些。

事實上，後來當主持人也像在寫作文，有那麼一點即席演講的意味，你要順著整個狀況的改變去調和整場的氣氛！你的嘴巴也是一支筆，就在不斷地寫稿子！

不過這時候是我的理財黑暗時期，因為賺了一些稿費和主持費卻不知道怎麼投資，於是都投資到借錢的人口袋去了。這裡說明一個道理，如果你很有謀生能力，但是你不會理財，總會有人看見這一點，覺得反正你沒用就拿來給我用吧！有朋友借錢去買車，有朋友跟我借錢去攤平股票！總而言之都沒有人還我。基於這個經驗，30 歲後我就不再借錢給別人，因為後來債權人跟債務人的位子在心理上會調換過來。我很害羞，問別人什麼時候還我，總覺得好像自己做錯事。

對「金錢」糊塗好像是我們家的傳統，我剛拿到第一份薪水的時候，就有親友來告訴我，我爸爸把我們家的房子拿去給他抵押了，現在親友還不出貸款，要我好

好盡女兒的責任，把我的薪水都拿給他還貸款！

　　還好我沒有中計。我後來把爸爸的貸款還清，其實後來發現那時候欠的貸款也不多，大概就是還剩下幾十萬元。（其實之前的貸款也不是那位把我們家房子拿去抵押的親戚還的，是我媽媽每個月還的，因為這個親人是我媽媽家的親戚，所以我媽不敢說。不過，把房子借給人家抵押的確是我慷慨的爸爸同意的唷！）

　　我後來才發現這位親戚的策略是，明明知道我媽媽每個月在為他還貸款，但是又用我們家會被扣押為理由，希望我每個月孝敬他。我從小就知道這個親戚是「做股票」的，做了一輩子，把所有的親友都借全了，問題在哪裡呢？決策錯誤啊。那種想要一夜致富的賭徒，把股市當成吃角子老虎，希望能一把拉出大獎卻沒有原則，就如被雷打到的機率般渺茫。

　　3 跟理財面對面的時期： 我曾經說過，我剛開始去念商學院的確是不會理財，後來才發現商學院也並不教理財，很多教授自我的理財實際操作並沒有太好。不過，很開心在商學院學會了一些理論幫助我思考。

　　這時候我已經 40 歲了，之前還面臨過兩次因為不想理財所以把錢交給別人管理，反而變成別人的聚寶盆，把我的「雪球」弄丟了。這種事已經是沉沒成本，仔細寫大概有 10 萬字，我想你大概也不太想看。我當

時對股票沒有認識，我用的是存房法。當然也歷經了不少錯誤，譬如：當時曾經重押我的家鄉宜蘭，事實上宜蘭是台灣比較難漲起來的區域，涉及了人口外流的問題，依個人喜好投資並不客觀。

我慢慢地去體會，怎麼樣的投資才是對的，這之間涉及了國外的房地產。不過，我們可不是要講房地產，然而我很驚訝地發現了一件事情：其實一個國家的房地產不管怎麼樣漲，如果不要算進槓桿（貸款）作用，每年的投報有 5％ 到 6％ 就不錯了！房地產投資，基本上穩健，不易變成零，但其實沒大家想像中高，而它的門檻也高，不是人人投資得起。

怎麼說呢？以我自己住的房子而言，如果我告訴你，本來一坪我買 25 萬（我家在台北市的蛋白區），現在一坪大概 50 萬，你一定覺得漲很多對不對？也對，也不對！因為你忘了問我，我在這間房子住了幾年？答案是 20 年！我當時是全款付的。因為我當時相信借錢會讓我緊張、壓力大，所以存夠了所有的錢才買一間房子。這麼簡單的計算，20 年才漲一倍，那麼一年也不過就是 5％ 呀！而且這個還沒有什麼複利作用！（就算是你的投資房，收來的房租花掉了，沒有再加進去買，也沒有複利作用。）

很多人都忘了時間有多長，只看到那「漲一倍」！

這是不對的。

　　其實台股指數每年不只漲了5％，我說的是平均值，雖然每年有漲有跌，這10年來巴菲特A股從美金15萬到最高點50多萬，元大台灣50（0050）1股成交價從新台幣50元到新台幣100多元，漲得都比這個多！請看下圖，台灣50這10年來配的利息還沒有算進去喔！

資料來源：YAHOO Finance，截至台灣時間2023/01/17。

我覺得如果你是小資族，那麼定期定額存原型 ETF 一定是正確的，因為是同時持有一籃子的成分股，如果它倒了就表示股市也全倒了！

　　如果你有的財富已臻中上，富於一般人，那麼存股與存房恐怕要並行。存房，絕對不是炒房，以現在的房地合一稅制，短期炒房漲價歸公，根本賺不到價差！你會發現台灣真正「好野人」都購買有投報率的辦公室或店面（也不是每一種都可以買），也就是跟著通膨一起成長的資產來增加穩定型的財富！

　　說真的，無論如何都要打時間牌，利用時間帶來的績效，不管你有多少錢，但是要買什麼東西、到底可不可以買？請不要忽略了，和個人資產有關。常常有人問我說：某房子可不可以買？我總是一頭霧水，因為我不知道你有多少收入、多少存款啊？郭台銘總不需要問我那間房子可不可以買吧？所擁有的財富不同，你做的具體決策就要不同，但是買資產一定要有原則：要儲存長期有收益的資產，肯定是正確的！📶

✉ 小結

　　看了陳重銘的「看山是山」三重論，對於「認真上班」是不是有新的認知呢？「認真上班」卻不修正自己的理財觀，就像是低薪的勞力工作，吃飽喝足卻因財產

不足而發愁。你究竟是要幫自己的未來打拚，還是幫老闆一家賣命呢？來看一下搖錢樹的真正涵義：

搖錢樹，兩枝杈，兩枝杈上十個芽。
搖一搖，開金花，創造幸福全靠它。

兩枝杈指的是「雙手」，十個芽就是「十根手指」，也就是雙手萬能，要靠自己種下搖錢樹。要知道世界上並沒有不勞而獲，不然誰還願意工作呢？搖錢樹還是有不少種類喔：

1 靠專業能力：如果職業是醫師、會計師、律師……，不僅收入較高也有更高的社會地位。陳重銘小時候功課很好，剛出社會時只是一個月薪 3 萬的代課老師，一次高中同學會時，某位當牙醫同學的月薪是 30 萬，真的是讓人羨慕跟忌妒。如果你還在讀書，要記得「勤有功、嬉無益」，既然每天都要上學，為什麼不把書讀好呢？將來擁有專業能力後，你的立足點也會比別人高出許多，假設一個月的薪水比別人多 10 萬，一年就是 120 萬，40 年的職場生涯就將近是 5 千萬，你還會煩惱買不起房子嗎？

可是這裡也要注意：賺錢多，不代表你下半輩子一定有保障，吳淡如有很多的教授、會計師、律師、醫生

朋友，因為收入豐沛，所以也沒理財，大概到了 45 歲之後，能非常清楚的看出每個人有沒有理財能力，心情完全不同。

有一次遇到一位 50 多歲的醫師朋友，他抱怨辛苦了半輩子，突然發現自己沒有積蓄，而且家裡的房子貸款還有 4 千萬沒有繳完，又抱怨健保讓他這一代的醫師變成薪水階級，不像前輩醫師房地產滿滿滿。接著，又說老婆太愛買名牌包。當然一個人的理財漏洞絕對不只有一個！但問題在於，雖然能月入幾十萬，但沒有提早做好家庭理財，而老婆也認為先生反正工作穩定、賺錢快，花錢就特別用力。人生過了半百很容易發現，有沒有資產和理財策略密切相關。如果好好理財，一位保全人員可能比醫生更有錢，我真的認識一位保全，他存了幾十張的台積電……，工作只是怕自己太無聊！

2 當房東：大家都看過《功夫》這部電影吧，包租公跟包租婆靠著苦力強、裁縫、油炸鬼、醬爆……等人交的房租，就可以無憂無慮的過日子。但是，除非是富二代，不然房子跟店面也不會從天上掉下來，你要買，而且一定要運用貸款，通膨時代請考慮不要本息還款，因為本金會因通膨而稀釋，若以 20 年前的「百萬」和現在的「百萬」差多少？差很多！在經濟急遽成長的國家差更多！中國 90 年代的「萬元戶」竟然叫富翁喔。

以前陳重銘家巷子口有一家自助餐店，一對夫婦租了這個店面來經營，生意也很不錯，大概過了 20 年後自助餐店歇業了，店面改租給房仲公司。打聽之後才知道，以前店面的房東很喜歡賭博，經常跟自助餐的夫妻借錢，兩夫妻就逐漸將店面買了下來，然後租給房仲收租金，再也不用辛苦工作賺錢了，而且將來還有機會賺到房價上漲！史上沒有通膨嚴重而房價逆勢大跌的道理，人人都想保值啊，儘管政府的打房會阻漲，但是薄有資產者更能抗通膨！

3 投資：買進股票後就是公司的股東，也就擁有公司的一小部分，想要長期投資領股利的話，要盡量挑選大型、有穩定賺錢的龍頭公司，例如陳重銘從 2009 年開始，花了 6 年的時間，存到 300 張中信金（2891），然後又靠著股利持續買回，以及股價便宜時勇敢加碼，在 2022 年已經累積到 700 張，然後領到 87.5 萬元的現金股利（1 股發放 1.25 元，一張發放 1,250 元），只要中信金的員工認真工作，就可以每年領到幾 10 萬的股利，中信金成為陳重銘的搖錢樹，默默在為「主人」賺所得。

企業　　　投資者　　　食衣住行

沒有人願意一輩子埋沒在工作之中，儘管有著許多的夢想，但總是為了「五斗米」而忙碌，如果你也有一棵搖錢樹，不用再辛苦工作的話，才有時間實現自己夢想。「股票」就是現代的搖錢樹，代表著許多家企業跟員工在幫你賺錢。搖錢樹不會從天上掉下來，還是要靠自己的雙手去栽種，只要好好的認真工作、努力存股票，你的搖錢樹就會一天天長大，然後支持著你的將來。

　　吳淡如也提醒，如果你已經有「一堆穩定股票」，除了住家外，投資有報酬率的房地產，並且用比較現代化的管理方式處理收租事宜，那麼你的心情會更加穩定。房子是一門學問，請先記住這一點：別買渡假屋，除非你很有錢不在乎！渡假屋就跟養馬一樣，看起來好厲害喔，但是使用率還有後續問題一定會讓你很傷腦筋！拜託你去住五星級飯店渡假就可以！因為在人口慢慢減少的全世界中，偏遠地區不管房子蓋得怎麼漂亮，都會有被遺落和荒廢的風險。

　　在經濟不好的時候，房子也會跌，可是它的跌幅不會像股票那樣像坐雲霄飛車般！沒有租賃收入的房子都像是你養了馬卻沒騎！其實只要出租還算熱門的房子就是好房子！當然，因為房子金額比較大，要考慮的東西很多，比如以前有人買大學旁的公寓出租給學生，自以

為出租沒有問題，可是在少子化的結果之下，連大學周邊的公寓都不行了。可是淡如常常安慰這些人：無論如何你的房價還是漲了，而這幾十年的包租公生意下來你應該也賺飽了吧？只是現在沒有以前好而已。脫手買巴菲特或績優 ETF，你仍然財富飽滿！現在進場就不必了，當包租公，永遠是要去估量長期供需問題。

搖錢樹就是資產，請不要買耗材。《富爸爸、窮爸爸》的作者把它稱做是負債。很多人相信買車、買錶、買柏金包是資產會增值，肯定不是。只要你開始用它就會減損價值的就是耗材，比如車牌領了，一開上路就叫做二手車，雖然它在你的人生中感覺好像很有價值，但是別人並不這麼想的，其實都是耗材。

陳重銘老師是專業投資股票致富，也擁有很豪華漂亮的房子。由股票存來的房子應該是他人生中很驕傲的資產吧！當你有了一桶金後，也別只傻傻放定存，人生應該充滿了幸福的感覺，所以理財應該是全方位的，如果能夠股票和房產互相配合，那肯定就是一輩子能夠持盈保泰的理財高手！讓你有錢有閒來過好自己想要的人生，這才是最寶貴的。

02

管理好手中的錢，
才能夠打敗通膨

　　2020 年新冠肺炎蔓延，讓不少企業跟上班族吃盡了苦頭，為了防止疫情蔓延，2020 跟 2021 年夏天，游泳池紛紛關門。但是暑假期間才是游泳池的旺季，不少游泳教練開設教學課程來增加收入，如今一旦關閉游泳池，這些人就少了許多收入，甚至是失業，只能夠靠以往的儲蓄過活，這是熱愛游泳的陳重銘的觀察。

　　沒有積蓄最可怕的就是「當明天跟你想像中不同」的時候，你應付得了變局嗎？用人的一生來想，你年輕的時候可以靠體力來賣命掙取衣食，萬一遇到變故，什麼都沒有怎麼辦？相信這個問法，你常常可以從保險業者口中聽到，不過，我們今天談的當然不是保險。請明

白：只要把你的「食糧」都交給別人以求擔保明天，絕對不叫理財！

一個和金錢有關的故事

　　《伊索寓言》中有一個〈蚱蜢與螞蟻〉的故事，夏天的時候螞蟻辛勤地搬運食物，牠們曉得要儲存糧食才可以度過寒冬。可是蚱蜢卻是盡情享樂，不斷地唱歌跟跳舞，牠覺得螞蟻們不會即時享樂，浪費了當下的大好時光。寒冬很快地降臨了，螞蟻們躲在溫暖的洞穴裡，享用往日收藏的食物；但是蚱蜢無法在寒冬中找到食物，最後被白雪凍成了冰棍。

　　這個故事告訴我們儲蓄的重要，現在不少的上班族都變成「月光族」，月初領到薪水的時候，恣意揮霍活得跟皇帝一樣，月底時往往沒錢可用，又活得跟乞丐一樣，更不要說儲蓄了。要知道，如果你現在不曉得管理好金錢，將來就會被金錢來管理你，薪水一進來馬上被各種帳單給瓜分：房貸、車貸、電信費、卡費、保費……，你只能靠剩下的錢過活。如果沒剩下，就只能祈禱下個月有剩下，這就是把理財的順位放到最後面的

下場。結果不但沒有錢可以管理，還常常被錢修理。如果不想被錢管理你，就必須要做好規劃，首先將收入分成四筆：

❶生活必需：請先釐清是「想要」還是「需要」，在你的經濟還在起步的時候，例如：你只是需要喝水，就要克服想喝飲料的衝動，不然每天幾杯飲料，一個月恐怕也會因此花掉幾千塊錢。如果可以搭捷運跟公車上班，就不要買車。想要投資股票就需要有錢，有開源跟節流這兩個辦法，但是一般人開源並不會太容易，就算再怎麼認真工作也不可能馬上加薪。「節流」卻是可以立竿見影的，巴菲特雖然是世界首富之一，他可能比你節省得多。所以馬上檢討每天的花費，盡量剔除想要但不需要的花費，把每一塊錢都省下來，西洋有一句俗諺「A Penny Saved Is A Penny Earned.」省下一塊錢，就等於賺到一塊錢。但這裡可不是教你當吝嗇鬼：一個人若該付不付，或只對自己好，對別人小氣，這種人格將來恐怕沒人幫你。

❷保險：如果你是家庭的經濟支柱，為了預防意外還是要投保一些醫療跟意外險，但是千萬不要把保險當理財或儲蓄，以免將薪水吃光光。如果有開車或騎車，一定要投保汽車超額責任險（超跑險），小小花費卻有大大的保障（1千萬）。如果不小心撞到雙 B＋1A

（BENZ、BMW、AUDI）通常要賠上幾個月的薪水；如果是撞到賓利、勞斯萊斯、法拉利、藍寶堅尼，恐怕是幾年的薪水起跳喔！曾經有一個年輕人，開車打瞌睡結果撞到 4 輛法拉利，希望他有投保超跑險，不然很可能要賠上一輩子。開車的時候一定注意安全、謹慎慢行，保險的錢不能省。然而，把保險當理財肯定是錯誤策略，一個家庭的保險費用不應該超過家庭收入的百分之十，否則你就是個「為了別人畫的大餅忍受飢餓」的傻子。好保險是為了有保障，不會讓你活著的時候致富！

3 儲蓄： 天有不測風雲，像是疫情期間可能碰到公司倒閉、裁員、無薪假，最好能夠儲蓄半年到一年的生活費，例如每個月的基本開銷（租屋、生活費、交通費）是 2.5 萬元，那麼就要儲蓄 15 萬至 30 萬（6 個月至一年），若考慮疫情後標準「可以活下去」，隨時可以進行兌現的現金流，可能要超過一年半才足夠。可以保障生活無虞，萬一失業也可以慢慢找新工作。以前這個標準可能是 6 個月就夠了，但經過疫情的洗禮，說沒工作就馬上沒工作，閉關時期食物的花費更大。有人的公司甚至倒閉了、裁員了，所以一定要有儲蓄。

吳淡如身邊有個職位很高的上班族，單身，月薪破 20 萬元，開跑車吃米其林每月花光光，在疫情的前兩

個月，遇上公司裁員，這一失業就是兩年，他撐到第一年結束，工作還沒找到、積蓄全花完，又沒房可貸款，只好靠朋友的接濟過日。這裡要提醒一下，儲蓄主要的目的是當作保命錢，並非要靠銀行利息賺錢，因為通膨會導致錢越存越薄。如果是公務員，因為被開除的機率很低，反而不需要太多的儲蓄，而是要盡量把錢拿去投資，發揮出最大的效益。

4 投資：想要讓股利養你一輩子，就一定要投資股票。記住「金額」跟「時間」這兩大因素，盡量省吃儉用，節約下更多的錢來投資，然後越早投資就越好，才能夠盡早累積股票資產。雖然，四平八穩的理財路肯定是漫長的。但是如果你想要成功，為何不早一點開始？複利的作用，一定要靠時間。在累積複利成果上，吳淡如從 40 歲開始就很有耐心（也可以說是懶），保持紀律前進，不攤平也不貪財，因為複利的效果，肯定是慢慢的，剛開始沒有太大感覺。

一個和金錢有關的故事

有一個富翁的漂亮女兒得了怪病，富翁貼出公告，只要有人醫好他的女兒，就給他二選一的獎勵，並且請他在 3 分鐘內做選擇！

第一個獎勵、連續 30 天，每天給 100 萬元。

第二個獎勵、連續 30 天，第一天給 1 元，第二天給 2 元，第 3 天給 4 元……每一天都是前一天的 2 倍！直到第 30 天結束！

如果你可以把她女兒的病醫好，請問你選哪一個？根據人類喜歡看得見的固定報酬的心理，很多人的反應是選擇第一個獎勵！第一個選擇是 3 千萬，非常容易算！

不過……，不久，有一位年輕醫生把富翁女兒的病治好了。想也不想就選擇第二個獎勵！所有的旁觀者都覺得他是不是瘋了！他是對的！第二個選擇可以拿到從（2 的 0 次方）累加到（2 的 29 次方）＝ 1,073,741,823 元。

這個比 3 千萬多太多了，誰才是數學不好的傻瓜？富翁不僅把錢給了年輕人，還把女兒嫁給了他。因為這個年輕人很聰明，不會被眼前的固定報酬所欺騙（在這裡要勸告你：如果你是有婦之夫，你就不要娶富翁的女兒）。

投資的錢，要先存再花，不是先花再存。從日常生活來舉例說明一下，一個薪水 4 萬元的上班族，省吃儉

用的生活費是 2 萬元，保險費用 5 千元，每個月儲蓄 5
千元，剩下的 1 萬元就可以拿來投資。但是請記得先後
順序，這個最重要。很多人投資失敗的原因是「等到月
底有剩錢再來投資」，但是月底都把錢花光光成為月光
族，投資股票永遠只是一個夢想。要奉行「把投資的錢
先存起來」，薪水一進入帳戶後，馬上自動轉帳 1 萬元
到投資股票的帳戶，而且這個帳戶不能辦提款卡，錢只
能進來不能提出，你只能花存剩下來的 3 萬元，就能夠
做好投資！這樣也並沒有因為存錢而損壞太多生活品質
吧！

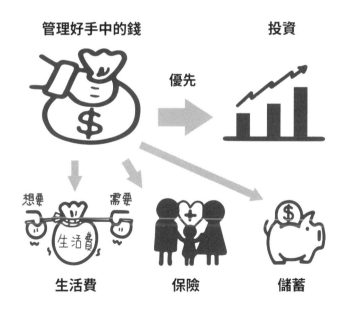

再看看下面這張圖：如果你每天只比別人多努力1％，那麼一年之後，你和剛進公司時程度相同卻一直在原地踏步走的同事相比，你們的距離有多遠呢？

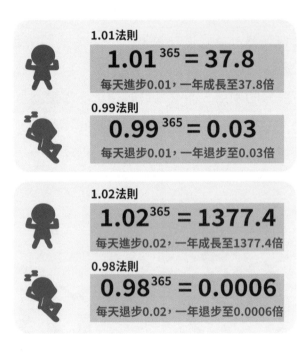

1.01法則
$$1.01^{365} = 37.8$$
每天進步0.01，一年成長至37.8倍

0.99法則
$$0.99^{365} = 0.03$$
每天退步0.01，一年退步至0.03倍

1.02法則
$$1.02^{365} = 1377.4$$
每天進步0.02，一年成長至1377.4倍

0.98法則
$$0.98^{365} = 0.0006$$
每天退步0.02，一年退步至0.0006倍

當然，這是個「理想化的圖表」，你的複利不可能在一生中達到了 365 次方，然而此表也告訴你「重複累計加乘」的數目會比你想像中大得多。

通膨讓你未來只吃得起半片雞排

2022 年美國因為通膨嚴重，開始大幅度的升息，

台灣自然也跟著調升利率，既然銀行的利率增加了，那麼把錢放在銀行定存，就可以領到更多的利息？對嗎？不對！這樣的想法其實是錯誤的，因為你沒有看到升息的源頭是「通膨」。對於通膨的解釋，最簡單的就是「有老鼠偷偷吃掉你的乳酪」！ 2022 年中美國的通膨率在 8% 以上，表示 100 元的商品在一年後的售價會變成 108 元；但是 8 月的聯邦基金利率只有 2.5%，100 元放在銀行一年後只會變成 102.5 元，你反而買不起 108 元的商品了！

通膨會影響到日常生活，許多人在逛夜市的時候，喜歡來一塊香香辣辣的雞排，但是價格逐年上漲，不少人已經高呼吃不起了。記得在 1992 年時一塊只要新台幣 30 元，30 年後卻漲價到新台幣 90 元，平均每年上漲的幅度（通膨率）為 3.7%。

通膨讓你未來只吃得起半片雞排

1992年	通膨率	2022年
	3.7%	
30元		90元

　　通膨率每年 3.7％，看來好像不很多，但是用 20 年來看，侵蝕度非常驚人。貪圖小利息的人難免不「悄悄被變窮」！也許你也會常看到台灣這「20 年薪水其實沒有漲」的消息，沒漲，加上錢變薄，貧窮化現象非常普遍。如果發揮儲蓄的美德，將買雞排的錢存在銀行內，讓我們來看看下場會如何？2022 年 8 月，台灣銀行一年期定存利率為 1.2％，假設往後升息到 1.5％，那麼買雞排的 90 元，在 30 年後的 2052 年會增加為 140 元；但是 90 元的雞排，也會因為通膨而漲價到 270 元，你的 140 元存款反而只吃得起半片雞排。所以，你如果只會存定存的話，你以為你賺到了，其實乳酪是被隱形的老鼠偷走了。

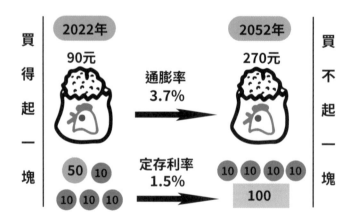

如果定存的利率輸給通膨率，其實你的錢只會越存越薄，也就是購買力逐年下降，只能看著高漲的物價而大喊吃不起。報紙上曾經有這樣的投稿：一位中年人說他一輩子認真上班，不投資股票也不炒作房地產，只是老老實實地把錢存在銀行，寄望退休後可以靠著利息過日子，但是銀行利率一直往下調降，看著越來越少的利息收入，他不禁要請央行總裁「放他一條生路」。

　　金融風暴後這些年，我們經歷了人類史上歷史利息最低的時期，過去 20 年來，降息成為全球的主流，記得在民國 80 年代銀行定存的利率還有 8 ％左右（吳淡如和陳重銘都存過，只不過當時錢不多），如果是 1 千萬一年可以拿到 80 萬利息，當時物價低，30 萬可能足以支付一年的必要生活費用；但是現在低利的環境下，1 千萬一年僅能拿到 12 萬的利息，加上物價逐年上揚，真的無法只靠利息來過活。

　　那麼請央行調高定存利率可行嗎？沒那麼簡單。任何一個國家的央行都不敢「擅自」調高或調降利率，都要看「大時代」的臉色，調高會造成經濟崩盤；調低會引發高度通膨。如果定存利率調高到 8 ％，房貸利率恐怕會達到 10 ％，許多的房貸族會撐不下去，又會引發許多社會問題。升息其實是雙面刃，而且過高的利息會阻礙經濟發展（大家不敢貸款買房，銀行、建商、

建築工人……都賺不到錢），然後，整個經濟都在惡性循環！雖然 2022 年美國不斷因通膨而調高利率，但也不可能無限上綱。如果你依然故步自封，拿「不投機取巧」來掩飾「不懂投資」，你只會讓自己深陷在高通膨的風險中。所以在面對通膨之時，要先改變自己的腦袋，學習投資用錢來賺錢。要知道，富者奴役錢，貧者為錢所奴役，錢其實是你的工人，不要讓它爽爽躺在銀行中休息。

其實投資股票的觀念很簡單，如果擔心將來吃不起雞排，那麼幹嘛不成為雞肉公司的股東呢？雞排越來越貴就表示雞肉的價格上漲，這些公司也會跟著越賺越多，當股東的你可以拿到更多的股利，還怕將來吃不起雞排嗎？

股市實例解析

我們就舉雞肉為例吧！卜蜂（1215）及大成（1210）是台灣兩大白肉雞產業龍頭，垂直整合上游養雞場與下游通路，具有強大的規模與市場競爭力。大成（1210）是國內最大雞肉供應商，肯德基、麥當勞也都是他的客戶，先來看過去的獲利表現吧。

大成 (1210)					
獲利年度	股利 (元)			EPS (元)	盈餘分配率 (%)
	現金	股票	合計		
2021	1.5	0.5	2	2.32	86.2
2020	2.7	0.3	3	3.99	75.2
2019	2.2	0	2.2	2.93	75.1
2018	1.5	0.5	2	2.75	72.7
2017	2	0.7	2.7	3.28	82.3
平均	1.98	0.4	2.38	3.05	78.03

可以看出歷年的獲利跟配息都很穩定，平均一年賺進 3.05 元，然後配發 2.38 元股利，而且 5 年的平均盈餘分配率為 78.03％。看起來公司發放股利很大方，很照顧股東的權益。

盈餘分配率＝股利／每股盈餘

　　　　　＝ 2.38 ／ 3.05 ＝ 78.03％

接著來看一下卜蜂（1215），從飼養、屠宰、加工到餐飲擁有完整的一條龍供應鏈，主要是發展冷藏料理、微波食品等，並且打入超市、超商及量販通路，以因應現代人的飲食需求。下表是過去 5 年的獲利表現，主要是發放現金股利為主，平均每年賺進 5.12 元，發放 3.5 元現金股利，表現也算是可圈可點。

卜蜂 (1215)					
獲利年度	股利（元）			EPS（元）	盈餘分配率（%）
	現金	股票	合計		
2021	3	1	4	5.06	79.1
2020	4.5	0	4.5	6.18	72.8
2019	4	0	4	5.46	73.3
2018	3	0	3	3.55	84.5
2017	3	0	3	5.35	56.1
平均	3.5	0.2	3.7	5.12	73.16

　　如果你只有死薪水，通膨會是你揮之不去的夢魘；如果你是公司的股東，通膨反而會幫你帶來獲利。拿卜蜂來舉例，如果持有 10 張股票平均一年可以拿到 3.5 萬元現金股利，可以吃 389 塊的 90 元雞排，你可以每天逛夜市吃雞排，都是卜蜂買單。不過要提醒一下，夜市的雞排普遍是高油跟高鹽，吃了口渴又會喝進高糖的飲料，高油、高鹽、高糖是健康的三大殺手。雞排可以少吃一點，把花剩下的股利繼續買回卜蜂的股票，張數持續增加後領到的股利也會越來越多。買這一類民生用品的股票，適合存股領股利，股價不會像雲霄飛車，你想要在短時間翻倍也不太可能，但是可以讓你成為「股市中的包租婆」，好處還在於不必太管「房客」。

想成為窮人，肯定要「先享受」，今朝有酒今朝醉。有錢人則是先累積一筆資產，然後靠資產產生的收入來幫消費買單。如果你一直花光手中的錢，將來一定會受到通膨的傷害；如果你能夠堅持先投資一筆資產，股利就會養你一輩子。先苦後甘的人生，真的很值得。畢竟我們希望年紀越大，心裡越踏實，越不用擔心明天的衣食吧！

03

讓別人幫你賺錢，
你才會真的有錢

為什麼富人越來越有錢？但是窮人卻越來越窮？是窮人不夠努力嗎？

一個和金錢有關的故事

從前有一個窮人，每天都吃不飽穿不暖，有一天他跪在佛祖面前抱怨道：「世界太不公平了，為什麼富人天天悠悠哉哉，而窮人卻要天天吃苦呢？」佛祖居然顯靈了，問說：「那麼要怎樣做才算是公平呢？」

窮人急忙回答說：「讓富人和我一樣窮，做一樣的工作，如果他還是可以成為有錢人，我就不會再抱怨了。」佛祖找來了一個富人，把他變得和窮人一樣窮，然後給他們每人一座煤礦山，要他們每天去挖煤炭，但是限期只有一個月。

　　第一天：窮人早就習慣作苦工，很快地就挖出一車煤炭，趕快賣了錢然後買了雞鴨魚肉，回家開心大吃。但是富人平時養尊處優，一開始工作就累得滿頭大汗，傍晚時才勉強挖了一車的煤炭，但是賣了錢之後他只買了幾個便宜麵包來果腹，把剩下的錢都存了起來。

　　第二天：窮人一大早就到山上挖煤炭，賺了錢馬上跟家人吃喝玩樂。但是富人卻用昨晚賣煤炭剩下的錢，聘請兩個身強體壯的工人來幫忙挖煤炭，富人只需要站在旁邊指揮。一天過去了，富人靠著兩個工人挖出了許多煤炭，富人把煤炭賣掉之後，又拿錢雇了幾個工人，挖出更多的煤炭。

　　一個月：很快的一個月過去了，窮人只有靠自己一個人，只挖了煤山的一個小角落，而且賺了錢就去大吃大喝，結果也沒有存到錢。但是富人靠著一群工人挖光了整座的煤山，並開設了一間公司到

處挖礦，他又成為富人了。

　　看到這個結果之後，窮人再也不敢跟佛祖抱怨了。

📧 富人借力使力，窮人賣力窮忙

　　所以，窮人跟富人最大的分野，在於勞力與金錢的運用。

　　1 勞力：窮人只是靠自己的勞力，可是一個人一天能工作幾小時？萬一生病了、老了要怎麼辦？這就叫做「拿命來換錢」。富人卻是靠一群的工人，善用別人的體力、專業、時間……，來幫自己賺錢。

　　2 金錢：窮人把錢當成享樂的工具，富人卻把錢當成工人，讓錢幫他賺更多的錢。

陳重銘也鄭重提醒，如果你買不起房，在那裡指天罵地是沒有用的，你抱怨房價所得比太高，買房痛苦指數太高，抱怨了 10 年，結果更高，不是嗎？如果抱怨沒用，那就換個概念：要當建商的股東，讓他幫你賺錢。

　　房價年年高漲，但是薪水卻沒有漲，相信是不少年輕人心中永遠的痛，根據統計資料，2012 至 2022 這10 年，房價指數的漲幅高達 62.34％，平均每年的漲幅為 5％，那麼薪水有每年調高 5％以上嗎？相信很多人的答案是否定的。

　　該因房價已高而追漲嗎？如果你早就買了，恭喜你。但如果有些人買了負擔不起的房子，薪水都拿去繳房貸了，也就沒有餘錢做投資，無法得到股市這隻金雞母的青睞，只能眼睜睜的看別人投資股票領股利，也不是對的。依自己的狀況做經濟決策很重要。

資料來源：中華民國統計資訊網（註：物價指數係以該季，三季月數值平均而得。）

📧 讓時間幫你累積財富

如果你的月薪只有 5 萬元以下，如無父母補助，千萬以上的房子肯定是你的負擔，如果房子太貴，超過負擔就不要買，租屋也是選項之一。不然就只能選擇距離較遠的蛋白、蛋殼區。有位認識的建商曾說過這句名言：「窮人用時間換錢，富人用錢換時間」，讓人感觸頗深。

1 用時間換錢：對窮人來說，市中心高昂的房價是可望而不可及，只能夠住在偏遠但是房價較低的地方，代價是要花上大把的時間通勤上下班。不過這是一個「先蹲後跳」的過程，只要有心上進，好好工作跟投資理財，也可以逐步從蛋殼區搬到蛋白區，甚至是蛋黃區。

2 用錢換時間：對富人來說「時間就是金錢」，所以寧可花大錢住在市中心的豪宅，把通勤的時間節省下來，用來專心經營企業與投資理財，可以賺更多的錢進來，再買更多的豪宅。每個人每天都只有 24 小時，這是富人跟窮人唯一公平的地方，但是當你在滑手機、追劇時，富人卻是時時刻刻在努力前進。相同的 24 小時，不同的使用方式會決定你的未來。

股市實例解析

　　台灣建商有囤地，房子變貴就表示建商很賺錢，那麼我們為何不翻轉腦袋，當建設公司的股東，領了股利再來幫你繳房貸呢？來看看績優生華固（2548）的財報表現，2019 至 2021 年都賺超過一個股本（EPS 超過 10 元），回想一下這 3 年是不是也是台灣房價狂飆的時候呢？購屋族受到高房價的傷害，但是建設公司卻反而受惠。從這裡可以看到一股現金流，錢從房貸族的口袋中流出，進入建商股東的口袋了。

華固 (2548)			
獲利年度	現金股利（元）	EPS（元）	盈餘分配率 (%)
2021	7.5	10.56	71
2020	7	10.05	69.7
2019	7.5	11.35	66.1
2018	5	3.12	160
2017	5.2	7.87	66.1
2016	5.6	8.73	64.1
2015	5.5	9.59	57.4
2014	5	5.08	98.4
2013	5.5	11.08	49.6
2012	5	9.57	52.3
平均	5.88	8.7	75.47

從上表可以發現公司的獲利非常不錯，而且盡量維持不錯的股利，例如 2018 年只有賺進 3.12 元，但是仍然發放 5 元的現金股利，可見公司很照顧投資人。通常獲利跟配息穩定的公司，股價會呈現「上有鍋蓋、下有鐵板」的走勢，如下圖所示。

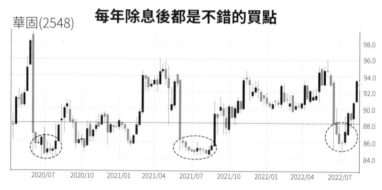

資料來源：YAHOO

　　這種獲利穩定的公司，每年的除息後股價都會是相對的低點，便可以伺機買進等待股價上漲填息。統計 2020 至 2022 年總共 3 次操作，都是在除息後買進，然後等到隔年除息前賣出，簡單的操作也可以得到不錯的報酬率。

華固 (2548)					
日期	2020/7/10	2021/5/7	2021/7/2	2022/6/2	2022/7/8	2022/8/19
股價 (元)	84.5	93.7	85	94.7	85.9	93.5
價差 (元)	9.2		9.7		7.6	
報酬率 (%)	10.89		11.41		8.85	
備註	除息後	除息前	除息後	除息前	除息後	除息前

　　從上表可以看到 3 次的平均報酬率為 10.38％，如果投資人熟悉這檔股票的價差操作模式，利用除權息每年賺個 8％至 10％應該是有機會的。不過要提醒一下，作價差要看個人的功力，如果不想心情隨著股價上下起伏，也可以傻傻地存股領股利，重點是增加張數。

　　例如小銘存到了 300 萬的資金，打算當成買房的頭期款，但是後續要借 1 千萬的房貸，每個月的繳款金額是 3 萬 5 千元（30 年期，利率 1.7％），也是挺有壓力的，而且後面的 30 年都在幫建商打工。何不換個角度，買進股票來當股東呢？從上表可以看出除息後股價低點約是 85 元，小銘用 300 萬的頭期款買進 35 張，以每年 5 至 7.5 元的股利計算，一年就可以領到約 17 萬 5 千元至 26 萬 2 千元的股利，平均每個月是 1 萬 4 千元

至 2 萬 1 千元，這時候小銘可以有兩個選擇：

1 租屋：平均每個月是 1 萬 4 千元至 2 萬 1 千元的股利收入，應該夠小銘租屋了，租再久都是建商買單。小銘可以將原先打算繳房貸的每月 3 萬 5 千元，拿來繼續投資股票幫自己賺錢。

2 買屋：如果還是想買房，就再努力存一筆頭期款，但是有了每年 17 萬 5 千元至 26 萬 2 千元的股利幫助，往後繳房貸的壓力會輕鬆很多，可以更早繳完。

很多人認為租房子，等於是在幫房東繳房貸，租了 20 年還是沒有自己的房子，所以寧可背一輩子的房貸。其實山不轉，也可以讓路轉，當建商的股東，讓建商幫你付房租，你會心疼嗎？

學習投資理財會幫你站在不同的高度，並用不同的角度去思考。如果先買房，後面要背負 20、30 年的房貸，一輩子都在幫建商賺錢。既然如此，為何不先買進建商的股票，靠建商來幫忙賺錢？貸款買進房子，錢一直流出，你會成為窮人；買進好公司股票，錢一直放進口袋，你就會成為富人。既然大家都因為買房而變窮，錢都流到建商的口袋，你為何不去當建商的股東呢？

但是在投資之前，也要先了解營建股的生態，有些大型建商的獲利跟股利都相對穩定，就比較適合長期投資，例如：長虹、遠雄、興富發等。有些建商則是小而

美，往往是「三年不開張，開張吃三年」，當有建案出售時才有收入，沒有建案時就只能度小月，這種股票就不適合長期投資，反而可以在業績的谷底跟高峰之間作價差。

小型營建股的 EPS 不穩定							單位：元
年度	2021	2020	2019	2018	2017	2016	2015
聯上發 (2537)	1.38	0.59	-0.88	0.09	-0.17	1.25	2.52
聯上 (4113)	0.63	-0.5	-0.68	0.69	0.42	0.14	1.37
三發地產 (1438)	0.57	0.45	-0.1	-0.12	-0.05	-0.07	0.11

富人跟窮人最大的差別，不在於體力跟體型的大小，而是在於「有錢人的腦袋」。如果你只會認真工作，貸款 30 年買房，你跟那位挖煤炭的窮人，有何區別呢？何不換一個有錢人的腦袋，善用別人的體力、專業、時間……，來幫自己賺錢？

吳淡如說

　　有關年輕人買房子，我另有看法。如果「自由」是你人生中很重要的事。事實上，如果你沒有富爸爸又不懂投資，的確會很辛苦，有父母願意支助頭期款的年輕人是幸運的。因為在 2010 到 2021 年之間的低利時代，要繳貸款並不難，低利時代有自己的房子且重點在「你不用繳房租」，這 10 年拿繳房租的錢去繳貸款的人，很開心地發現大部分餘錢拿去繳房租的人，能拿來存股的錢就會很有限，來看看這個例子吧！

　　某天晚上滑手機時，看到了一個北漂女孩分享的租房血淚史，女孩唉聲歎氣地說，她算一算來台北這些年，到了這個月房租剛好付掉了 100 萬！這不是個小數目，一邊算一邊心痛啊！付掉的錢不可能「千金散盡還復來」，都是沉沒成本。平時省吃儉用，就是為了要在這個寸土寸金都市中有立足之地，但是每個月的薪水三分之一都繳了房租，薪水成長趕不上通膨速度，又迎來房租漲幅。房租每月 1 萬 6 千元在台北是常事，租了 5 年多，肯定破百萬。1 萬 6 千元租的只是普通套房，而能夠租這個價位套房的上班族，我粗略估算，大概是 30 出頭，月薪約 5 萬。已經不是底層菜鳥，扣稅再扣掉房租，一個月也頂多只有 3 萬元，每天只有千元

可花，極可能當月光族。這是「北漂」女孩的痛苦。她一定很羨慕家住台北的同事。台北房屋自有率大概是 7 成，天龍國人多半有自己的房。北市 2022 年每坪平均價破 90 萬，新北市也超過 50 萬⋯⋯就算她省吃儉用，一個月頂多能夠省下的也是 1 萬。等她付得起頭期款，房子又漲到她看不到車尾燈了！

多少年來大家期待著房價能夠讓人不那麼痛苦，無疑地在目前是個幻想，只要一個經濟體還在繼續發展，房價幾乎只有「漲」這一條路。少子化是長期效應，不會因為今年生的孩子變少而房價速降，它影響的是 20、30 年後⋯⋯租客 30 年要付多少房租？影響房價的原因相當多元，你有看過倫敦巴黎房子跌落谷底嗎？這 20 年台灣的利率和房價的相對發展史：當經濟蓬勃造成利率上升，房價緩緩上升；為了刺激經濟，利率節節下降，房價又猛漲！這幾年來政府也努力打房，結果只是短期內交易量下滑，但沒過幾個月又都習慣。全世界都因為大國撒鈔受到通膨之苦，只要通膨繼續，房子沒「脫鉤」跌價的道理。

5 年付了 100 萬房租的單身上班族女子，錯過了金融史上很難得的低利率美好黃金 5 年。有人會這樣算：前幾年 1.3％多的低利率，5 年前貸款 1 千萬買一間小套房（5 年前就算在台北市中心也還可以買得到），每

個月付的貸款比租金少，這 5 年差不多也漲了 3、4 成
（台北市的漲幅算少），她就是個小富婆！可是這種說
法叫「何不食肉糜」：別忘了，買千萬房至少要有 3 成
頭期款，去哪兒搶？📶

💬 不想付租金，房子又貴到不行，如何是好？

 吳淡如說

公布答案，還是要先存錢、存股才有頭期款！不一
定要先買房子，卻要先買有「房租」概念的資產。2022
年 7 月初股災時不少金融股還有元大高股息（0056）的
年息，竟然到達 6.8％！這些股將來漲幅也可能高於房
子！若你堅持有房心安，請放棄完美主義，遠一點、破
一點無妨。北漂族買不起台北，那就買家鄉，房客兼房
東，只要能租得出去，至少將來可換頭期款。這一招我
剛出社會就使用過。這已經是唯一途徑，讓家中無援的
北漂女子麻雀變鳳凰！

雖然在金融財務上面，觀察過去未必能夠成為未來
的根據，不過在這裡也可以跟你說一個很有趣的現象：
過去的歷史的確也可以幫忙你做長期投資！

就以台灣持有人數眾多的 0056 高股息 ETF 來說，
這個數據值得參考，根據 CMoney 統計了 15 年的資料

顯示，0056 自 2007 年掛牌以來，至 2022 年 10 月，以每月月底收盤價、期間含息總報酬計算，你可以發現在 12 個月份中，在 10 月份進場、並持有一年，你所獲得平均報酬率最高，達 10.6％，而且當月正報酬達 64.29％，2022 年 10 月我也觀察了一下，很碰巧也是很好的正報酬！其次是 12 月進場，持有一年平均報酬率達 9.04％，正報酬機率達 66.67％。

當然我並不建議你每年在 10 月才進場，因為，按照人性，你真的會忘了進場！那麼就沒有達到存股的效果，我們定期定額存股票是因為想要用平均值來取得股票，並不是要賺一筆！賺一筆的問題是，你可能就只賺那一筆，除非你像陳重銘那樣每天都在觀察，非常的專業且非常自律。我除了股票要關心的東西實在很多，真的做不到。所以我還是每個月定期買，心中無股價。這些年來也存了不少。

有意思的是，如果你是每年 7 月進場，持有一年平均報酬率只有 2.59％，雖然還是容易獲得正報酬，也就是雖然容易獲利，但一年算下來賺得並不多。

想來想去，這還是行為經濟學上的問題，台灣人很喜歡在 7 月買股票！你跟很多人一起擠進去買，那麼它的價格就會比較高，不是嗎？偏偏我們都有從眾心理！7 月是台股除息旺季，投資人基本上都有短視近利的現

象，一宣布了股息收益，**就積極搶進，瘋狂進場**，使得 0056 在當月股價步步高升，進場價格相對高，因此持有至隔年 7 月，獲利空間小；而隨著 8、9 月台股除息行情逐漸冷卻，到 10 月底 0056 除息，股價位階相對低，此時進場持有一年，平均獲利就會最高、也是操作 0056 最好賺錢的月份。

月份	進場持有一年平均	正報酬機率
1	5.21%	57.14%
2	4.28%	64.29%
3	3.85%	57.14%
4	2.69%	64.29%
5	2.31%	57.14%
6	2.27%	64.29%
7	2.59%	78.57%
8	2.56%	57.14%
9	3.83%	71.43%
10	10.60%	64.29%
11	8.34%	71.43%
12	9.04%	66.67%

第四季是買進 0056 最佳時機，統計至 2022 年 10 月，統計期間為近 15 年，採每月月底收盤價、期間含息總報酬計算。

資料來源：CMoney

所以，你還跟著大家買股票嗎？還一直在問明牌嗎？從人性的觀點可以推測到，答案就是：當人家告訴你可以買的時候，就是大家會買到價格最高的時候啊！

　　存股是為了要存更多股，不是要拿利息來花！我並不鼓勵你只買0056，只是因為它是台灣最大的高股息ETF，其實別家也可以考慮。但是要提醒你不要只聽字面的含義，聽到配息就很高興。

　　就拿我2022年的0056股息來說吧。接到股息的時候你會很高興嗎？一般人，一定。

　　我當然也是一般人。但是仔細思考不必高興。

　　我存了160張0056，2022年拿了將近336,000的股利（我當然不只0056，也有什麼0050、00878、台積電之類的），用我的理論來說，這一次的股利大多是所謂的羊毛，也就是0056成分股的配息，不過有些高股息ETF，為了看起來股息高，會把羊肉割給你，羊肉就是賣掉擁有的股票，放入股息中。

　　這次在升息後領到股利當然不要太高興。我的成本高達30。領了這兩、三年股利，加進去當然沒有回本。不過也不要難過。你怎麼知道它不會回到新台幣30元？這世界上所有的事情都需要時間。我每月存，而且我從不追高或是往下攤平，按自己的規律來存。在不缺錢的狀況我都不會賣掉，我想我應該會放到七老八十。

我生活簡單，應該不是那麼容易動用到我存下來的股票。

其實我很不喜歡拿到股利。為什麼？我要重申的一個概念就是，每一次剪羊毛的時候你都要付出一筆工錢……你看一下就知道了，我不是多付了二代健保費等嗎？可能還有一些你沒看到的內含的手續費，行政程序費用，而且還有所得稅……。

天底下沒有白吃的午餐，有時候我不太知道有些人渴望一年配息 4 次是什麼意思。那就代表你要請工人來 4 次！每一個禮拜配息一次的意思，就是一年你要請那個工人來52次！而那隻羊一年產的羊毛根本就是一樣。

有些是為了要讓羊毛看起來好像超過2，這次羊肉不多，這就不說了

收益分配每受益權單位給付及扣繳情形						
持有單位數(A)	160,000.0	每單位分配金額(B)	2.1	應分配金額(C) (係加總各所得類別分配後之金額)		336,000
應扣繳稅額(D) (僑外股東適用欄)	0	二代健保補充保費(E)	6,735	應付金額(F=C-D-E)		329,265
給付方式	以匯款方式匯入 貴受益		二代健保在這裡			
所得類別	分配金額	扣繳稅額或可扣抵稅額	所得類別		分配金額	扣繳稅額或可扣抵稅額
國內財產交易所得(76)	6,720		羊毛			
87年以後股利或盈餘所得(54C)	319,200					
資本公債	10,080	0				

但是既然配息了我就把它花掉嗎？**請把股利再投入**，尤其在這個大家股票跌得唏哩嘩啦的時候，因為這

樣才會有複利作用！請一定要記住花掉了就沒有了，配息的時候如果還跌得唏哩嘩啦，你不是可以買更多股票進來嗎？

就如《阿甘正傳》說的，你不能用現在吃的這一顆巧克力的味道來判斷一整盒巧克力……我也不想用現在的價格來判斷我的存股價值。如果你今天需要錢急著賣，那當然是跌的！

有紀律的人才是會笑到最後的人。只要不被詐騙集團騙，那麼，你很愛花也沒關係，花掉的才是你的錢不是嗎？

04

打造被動收入，
讓股利養你一輩子

一個和金錢有關的故事

　　從前有一座山，上面有兩座廟，分別住著一休和二休這兩個小和尚。可是山上沒有水源，兩個和尚每天都要到山下的小河去提水。有一天，二休提水時卻沒有看到一休，他擔心一休是不是生病了，怕他沒有水喝就提著一桶水到廟裡去探望，卻看到一休正在悠閒的澆花，二休好奇地問：「你今天都沒有下山去挑水，怎麼會有水澆花呢？」

一休指著旁邊的一口井說：「過去一年我每天早上挑完水之後，都會犧牲午睡的時間來挖井，現在終於把井挖好了，井水自己源源不絕的流出來，我再也不用去挑水，就有時間來種花了。」

從此以後，一休再也不用下山挑水（不用做事），二休還是要天天去挑水（不能休息），這就是「一不做、二不休」了。

挑水還是挖井？不要因為小確幸失去大幸福

除非天天下雨，不然水不會從天上掉下來，所以好好思考：是要一輩子挑水，還是趕快挖一口井呢？

1 先苦後甘：一休同時要挑水跟挖井，當然會比較辛苦，但是他知道辛苦後的收穫，就能夠堅持到底。

2 犧牲小確幸：小和尚每天到山下挑水很辛苦，午睡一下就成了小確幸。挖井就要犧牲這個小確幸，但是可以賺到往後自由自在的大幸福。陳重銘以前要一邊養家一邊投資股票，只能當一個不敗（Buy）教主，努力省錢不敗家，才有錢可以投資股票，但是可以提早達到財務自由，開除工作過著自己想要的生活。

3 越早越好：既然決定挖井，當然越早開始、越早成功越好。投資理財需要時間，也是越早開始越好。

挑水是苦差事，沒有挑就沒有水喝，必須要辛苦一輩子；上班也是苦差事，沒有上班就沒有錢賺，必須要工作一輩子！「挖井」讓你從挑水無限循環中解放出來，「投資」一樣可以幫助你脫離上班的無邊苦海。

➡ 辛苦挖一次井，達到財務自由的人生

人生究竟是在追求什麼？大家想過了嗎？來講一個故事好了，從前有一對夫妻，最大的夢想就是在海邊買一棟別墅，每天可以悠哉地喝咖啡，看著夕陽緩緩落下。經過多年的努力，夫妻終於準備足夠的頭期款，買下了心目中的海濱別墅，但是龐大的房貸壓力，讓夫妻倆疲於上班跟加班，也就沒有時間打掃家裡。於是夫妻

倆請了一位傭人，每天下午打掃完畢，傭人就在陽台上欣賞著夕陽西下，愉快喝著剛泡好的咖啡。可是那一對夫妻呢？還在辛苦工作，房貸壓力逼著他們每天加班到深夜，無法在夕陽下山前回家欣賞。

看了這個故事之後，會不會覺得很感慨呢？人生就是在追求「自由」這兩個字，回想一下小學時你寫的「我的志願」，有多少實現了呢？多少人的夢想埋沒在「五斗米」背後呢？每個人都想要自由，但是你要先達到財務自由，也就是被動收入超過生活的花費。

1 主動收入：根據國外統計，每 100 個人中，有高達 95 人在 50 歲以後還要繼續工作到退休，因為他們只有一份薪水的收入。「主動收入」就是要付出你的專業能力跟時間，才可以得到的收入，跟二休和尚一樣要挑水才有水喝。但是時間跟精力都用在賺取主動收入，哪有空來實現人生夢想呢？而且一旦你生病、受傷、年紀大了，無法再靠勞力賺錢時，日子也會變得艱難。

2 被動收入：每 100 個人當中，也有 5 個人在 50 歲以後不需要工作，因為他們有房租、股利等收入，不用付出勞力跟時間就可以得到報酬，就稱為「被動收入」。有了被動收入你才可以從工作中解放出來，把時間跟精力拿來實現自己的夢想，過好自己想要的人生。

3 財務自由：「不想去上班，卻又不得不去上

班」應該是大多數上班族的心聲吧！可惜錢不會從天上掉下來，<u>上班族首先要認真工作，幫自己賺取更多的主動收入，然後節約省錢做投資，努力累積被動收入。</u>一旦你的被動收入超過生活所需，你就可以開除工作，達到「財務自由」的境界，你就可以旅遊、運動、學習……，打造自己不一樣的人生。

所以，人無遠慮，必有近憂。如果你選擇挑水，就要辛苦一輩子；仔細想想，挖井只要辛苦一次，但是可以享用一輩子，才是最划算的！同樣地，如果你只有主動收入，那就要一輩子靠努力賺錢；一邊上班一邊存股票雖然有點辛苦，但是存股卻可以養你一輩子，幫你的人生開啟另一個可能。

▣ 當股東，讓好企業替你買單

小雅是社會新鮮人，上班壓力經常讓她喘不過氣來，所以習慣早上跟下午都買一杯超商咖啡，幫自己提神並當作是一個小確幸。但是漸漸地，她也感受口袋的錢變少了，不喝咖啡會傷心，喝了咖啡卻扁了荷包，怎麼辦？小雅不禁想，要是有免費咖啡該有多好呢？

其實要破解這個難題也很簡單，就是當超商的股東，領超商的股利去買咖啡，不就等於是免費的嗎？

股市實例解析

來看看超商龍頭統一超（2912.TW）的過去表現：

統一超 (2912)					
獲利年度	現金股利（元）	年均股價（元）	年均殖利率（%）	EPS（元）	盈餘分配率（%）
2021	9	270	3.33	8.52	106
2020	9	274	3.29	9.85	91.4
2019	9	284	3.17	10.14	88.8
2018	8.8	301	2.92	9.82	89.6
~~2017~~	~~25~~	~~316~~	~~7.92~~	~~29.83~~	~~83.8~~
2016	8	259	3.09	9.46	84.6
平均值（排除 2017 年度）	8.76	277.6	3.16	9.56	92.08

可以看得出來 EPS 跟股利都很穩定，但是 2017 年度的數值卻是暴增，這時候要理性的想一想，超商的獲利有沒有可能一下子暴衝好幾倍？當然是不可能的，原來那年統一超賣掉了上海星巴克，拿到了不少錢，所以可以發放 25 元的股利，因此忽然出現和往常不一樣的一大堆股利，你一定要想到是「處分資產」，其實等你知道利多想要進去抱時，你反而會買在最高點，賺了股利小心賠了股價。由於星巴克只能賣一次，所以算是一

次性的業外收入，在評估時就必須要排除，才不會被誤導。來看看統一超的優點：

1 獲利穩定： 2019 年以前獲利呈現穩定成長的趨勢，但是 2020 到 2021 年則受到肺炎疫情影響，獲利略為下滑，但也維持不錯的成績。疫情可以當作單一的國際事件，並非公司經營不善而導致獲利衰退，加上統一超仍不斷展店，相信獲利還是可以維持穩定成長。

2 高盈餘分配率： 公司平均每年賺 9.56 元，然後發放 8.76 元的現金股利，平均盈餘分配率高達 92.08％，可說是對股東非常大方。

3 低殖利率： 因大家都知道統一超是好公司，也願意用較高的價格購買，所以相對的殖利率較低，平均只有 3.16％，也就是買進 100 萬股票的話，一年只會領到 3.16 萬。除非是買進很多張的大戶，不然領到的股利不會太迷人。

統一超在最近 3 年都是發放 9 元股利，買進一張就可以領到 9 千元。如果小雅每天要喝兩杯 45 元的超商咖啡，一天就是 90 元，只要買進一張的統一超股票，股利就等於請她喝 100 天咖啡，買進 3.65 張就可以喝上 365 天。但是 3.65 張的統一超也要將近 100 萬，對小資族來說也是不小的負擔，可不可以想辦法多賺一點，就不用投入太多的本金呢？

✏️ 股票新手該怎麼思考？

 陳重銘說

其實統一超的業績跟股價也有景氣循環的特性，夏天天氣熱導致飲料熱賣，是傳統的旺季，但是在冬天時天氣尚冷，飲料的銷售清淡，營收就會在低點。所以我習慣在淡旺季之間作價差。

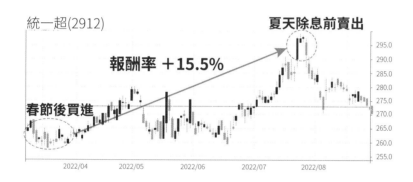

1 春節後買進：寒假通常跟春節長假綁在一起，對超商來說也是旺季，所以我習慣在寒假後陸續買進統一超，通常是年度的相對低點。

2 兩大利多：每年夏天對統一超來說有兩大利多，第一是天氣炎熱飲料銷售好，營收大增；第二則是統一超習慣在 8 月初除息，會有想要領股利的買盤進入而拉升股價。

3 除息前賣出： 我都會在除息前找一個高點賣出，並不會參加除息，原因很簡單，因為除息後開始步入秋天，營收又會下滑。而且已經除息了，也要提防填息後獲利了結的賣壓。

4 價差勝過股利： 從上頁圖可以看出依照上述的操作技巧，2022 年可以賺進 15.5％的價差，是不是勝過領 3％多的股利呢？

統一超（2912）因為年均殖利率僅 3.16％，並不適合小資族存股，所以要利用價差的方式賺取更高報酬，但是價差也並非穩賺不賠，例如 2020 至 2021 年肺炎疫情爆發時都正值夏天，自然會影響到統一超獲利。幸好統一超體質穩健，獲利跟配息穩定，也算是大到不會倒，所以就算是價差操作錯誤，一樣可以放著領股利，然後在股災時逢低加碼，還是有機會賺到價差。

有錢人在面對支出時，會先累積一筆資產，然後靠資產產生的錢來幫他買單。除了統一超幫咖啡買單之外，中華電信（2412）也會幫你的電信費用買單，聯強（2347）會幫你每年換新手機……。台灣的好企業有很多，重點是你要學會如何用錢來幫你賺錢。📊

✎ 房子和股票你都有，那就進可攻退可守

 吳淡如說

如果你已有房子，我補充一個絕對不傳統的觀念：「別怕負債」！怎麼說呢？好的債上天堂、壞的債地獄下不完。談到債，也許你會認為我想要告訴大家盡量不要欠債。不對！如果你的經濟能力穩穩地能夠支付借貸的利息，在這個通膨時代，適度借錢讓你的資產變大，更足以「抗通膨」。只要把借來的錢用在蓋得過利息支出的收益上。請先回答這個問題：

10 年前，一直在租屋的阿美看上北市兩房共 1 千萬的預售屋，而阿美手頭上有 300 萬，銀行願意貸款給她 8 成，請問她該不該買下這間房子？誰都會扮演事後諸葛亮，你一定會說可以！因為這 10 年來房子至少漲了 5 成！如果阿美 10 年前明明夠付頭期款，而她要等存夠千萬才來買，是不是損失大了？對的，粗略估計資產少了 5 百萬（用 50％來算），這 10 年她也多付了超過 180 萬的房租（假設房租每月 1 萬 5 千元）。這是有史以來利率最低的 10 年，10 年貸款利息（不算本金攤還）大概就是 150 萬。

也就是阿美借錢買下去的話，現在的資產至少多 530 萬元。不管之前買的房是不是很完美，以小換大總

比赤手空拳去追房價容易。我也看過一些小富婆，除了自住之外，還買一小房出租，當被動收入。剛開始付貸款是緊了點，但她們通常越活越自信，知道萬一失業也不會太淒涼。欠錢，分好的債和壞的債：

1 壞的債：具備三要件：利息偏高、借款利息比收益高、借了去打水漂。

2 好的債：是為了累積資產。包括有收益的房子和優良股票，收益穩定且比利息高。

怕欠債，連房子都是要有全款才能買，長期來說，因為追不上通膨速度，會相對貧窮。真正會理財的人，要有一些對好債的心理承受度。當然，如果你一有欠債就吃不下睡不著，那就不欠為妙。借錢並不一定要買房子，我很贊成這種借力使力的方法：如果你有房子，想辦法盡量不要還本金，能借就借出來，長期來說「通膨」同時也會吃掉你的債務。

假設你跟國泰金（舉例）貸款，那麼你就投入買國泰金的股票，借與買同一個標的，安心了吧？我個人比較喜歡 0056 或 00878 這種一般人嫌無聊的 ETF，股息算來約 6％。如果貸款成本 2％，不算股價的漲跌，也平白賺了 4％吧。100 萬，就是多 4 萬。而貸款利息雖然可能升高，要高到 3％卻也難。通膨每年至少吃掉你的購買力 3％；這種狀況下借錢也是避險行為。

至於壞的債，一定要積極面對，能還快還。有個女性友人在 20 年前用現金卡借了 80 萬元給家人應急，以為銀行沒一直來催就不用還，結果目前累積超過 1,200 萬。就算是欠「白道」的錢，消費性貸款的利息會讓欠款每 5 年多一倍！欠黑道就更慘，利息「最少」每周 10％。這就可以說明為什麼影劇明星明明賺得多，只要開始欠債，就永生永世難還！▮▮▮

CH **2**

股神巴菲特

05

一個台灣，兩個世界

 陳重銘說

在粉絲團常常看見網友開玩笑說：「會投胎比會投資好，有富爸爸比較好！」或許你沒有富爸爸，但還是可以經由後天努力，改變自己跟家人的未來。一代傳一代，總要有人當富一代，為什麼不告訴自己：「翻身從我開始」——你不是富二代沒關係，但絕對可以成為富一代，你不希望孩子將來也怨嘆說沒有富爸爸吧！

「有錢人越來越有錢，窮人越來越窮」這一句話大家是耳熟能詳，但是有想過原因嗎？《商業周刊》曾有一期報導，呈現〈一個台灣，兩個世界〉的專題報導，深深撼動了我的內心。有錢人家的小孩豆豆住在高級豪宅中，他的阿公、爸爸、媽媽、舅舅……不是董事長

就是總經理，書桌上擺滿財經書報，閒聊的話題是「股利發放」，這是豆豆每天接觸到的生活教育。出生在鄉下農村的小如，年幼的她打著赤腳，來回幫爸爸扛農作物，除了一臉的黝黑，還有滿身的泥巴。小如的世界沒有財經報紙、股票股利，也不可能有董事長、總經理來教導她「用錢賺錢」的知識。

俗話說：「龍生龍、鳳生鳳，老鼠的兒子會打洞。」前兩句指的是天生的基因設定，最後一句則是強調後天的養成，因為老鼠的爸爸只會打洞，老鼠兒子在耳濡目染之下，也只會跟著打洞了。如果沒有尋找一個「出口」或翻身的機會，那麼貧窮定會遺傳的！由此可見，教育才是影響一個人未來的最大變數；投資理財的教育，絕對會影響你一生的「錢」途。

受到美國大量印鈔救疫和之後升息的影響，2022年的台灣除了股市不振之外，消費者物價指數（CPI）年增率不斷攀升，自 3 月起超過 3％，4 月為 3.38％、5 月上升到 3.39％，月月刷新 10 年新高紀錄。大家常常在新聞媒體上看到的通膨率，就是 CPI 的年增率，簡單的算法：如果 CPI 年增率為 5％，表示一個在今年售價 100 元的商品，明年要用 105 元才能夠買到，也就是貨幣購買力縮水了 5％。或許你的薪水、存款並沒有減少，但是購買能力卻是一年不如一年，這就是通膨。

　　請記住，稀缺的「好」資產是人人都要的，而「價高者得」是不變原理，台北的 101 大樓附近處於精華地段，但是土地的面積有限，一旦豪宅推出時都會被富豪搶購，導致房價逐年上漲，「過多的資金追逐少量的商品」成為通膨的主要原因。通膨就一定不好嗎？富豪為了追逐豪宅，會努力經營企業、開設更多的分公司、聘用更多的員工，連帶造成經濟進步、失業率降低，所以「良性的通膨」是好的。

　　但是任何「剛需」物品的成長，則會對民生與經濟產生危害，2012 到 2021 這 10 年間，台灣房價大幅上漲，漲幅甚至有超過 3 倍。讓年輕人們紛紛大嘆買不起、住不起，更不要談成家立業、養兒育女。後果是台灣的出生率大幅滑落，2021 年全年新生兒數僅 15 萬左右，未來工作賺錢繳稅的年輕人口變少了，台灣的經濟還可維持往日榮景嗎？當然，影響經濟的要素很多，未必在於人口總數！比如，新加坡一個彈丸之地，毫無天然資源，靠著政府擅長投資和某些相關人口及勞力政策的轉變，GDP 仍然可以維持成長。就算是良性通膨，拉長年限來看，你也會看到它的威力。舉例說：30 年前，你家如果有 100 萬存款，那你一定覺得自家很富有，那時可能可以買間小公寓呢，現在如果你一家「只」有 100 萬，你一定只會覺得「總比沒有好」而已。

區域	平均漲幅	漲幅前三名行政區	2012年房價（萬元/坪）	2021年房價（萬元/坪）	10年漲幅
台北市	20.7%	萬華區	42.7	59.1	38.4%
		南港區	69.9	84.5	34.3%
		北投區	42.5	56.3	32.5%
新北市	42.2%	板橋區	24.0	50.7	111.3%
		鶯歌區	13.2	25.8	95.5%
		三峽區	19.8	30.2	52.5%
桃園市	84.4%	龍潭區	7.3	18.2	149.3%
		楊梅區	7.4	17.5	136.5%
		桃園區	15.3	28.7	87.6%
新竹縣市	67.1%	竹北市	18.9	35.6	88.4%
		北區	13.9	24.1	73.4%
		香山區	12.4	21.4	72.6%
台中市	118.9%	潭子區	9.6	27.7	188.5%
		清水區	5.6	15.9	183.9%
		東區	11.3	31.7	180.5%
台南市	189.0%	安南區	5.3	21.6	307.5%
		南區	5.3	17.4	228.3%
		仁德區	7.2	20.7	187.5%
高雄市	137.8%	大寮區	4.4	16.6	277.3%
		小港區	6.2	18.5	198.4%
		橋頭區	6.0	17.7	195.0%
全台			18.1	26.9	48.6%

　　造成房價上漲的原因有很多，我覺得股市也有「幫忙」。股市成長和房價成長是呈正比的，因為股市上漲，代表公司獲利普遍有成長，股東和股民在賺錢。根據統計，2022 年台灣上市櫃公司發放 2.35 兆的現金股利，如果平均分配給 2 千 3 百萬人，一個人約可以拿到 10 萬 2 千元，四口之家可以拿到 40 萬 8 千元，應該就不怕物價上漲了！可惜的是，股市發錢時不是人人有獎，必須要持有股票才能夠領到股利，持有許多股票的大戶可以領到數億、甚至數十億的股利，沒有股票的人只能在一旁乾瞪眼。

　　過去 10 年台灣股市發出十幾兆的現金股利，這股龐大的現金流就會造成通膨，有錢人知道貨幣一直供給出來，錢的購買力會逐年下降。人們不免拿股利買進會保值的房地產，導致房價易漲難跌。但光領死薪水的上班族呢？加薪幅度完全跟不上房價漲幅，只好將 20 年房貸換成 30 年房貸，耗盡一生收入只為一個棲身之地。

　　股市是一隻金雞母、一棵搖錢樹，卻也是造成通膨與貧富不均的主要推手。以前說「M 型社會」，現在卻說「K 型社會」（有人上升，有人下降）。不管是 M 型還是 K 型，結論都是相同的：有錢人會越來越多，越來越有錢；窮人也會越來越多，越來越窮。至於夾在窮人與有錢人之間的中產階級，只能努力成為有錢人，

或是被迫沉淪為窮人。如果你想要買得起、活得起、住得起、養得起，就必須要從股市裡面分一杯羹，好好的來學習投資理財吧！

你想想這個簡單道理就明白：股市讓人的錢變多了，就會有錢買東西，而台灣就這一點大，大家都要好區的物件，房子能不漲嗎？📊

📝 人兩腳，錢四腳，要同時打敗通膨跟定存利率

未來的世界，長期通膨必定是如影隨形，唯有靠投資才能打敗通膨。那麼投資的報酬率要有多少呢？光是打敗通膨還是不夠的，必須要同時打敗「通膨＋定存利率」。

1 打敗通膨：假設通膨率為 3％，投資報酬率也是

3%的話，每年增加3%的資產剛好被3%的通膨吃掉，購買力沒有下降，但是資產也不會增加。

2 打敗通膨跟定存：假設通膨率為3%，定存利率為2%。如果投資報酬率達到3%＋2%＝5%，每年資產會增加5%，扣掉3%的通膨之後，你還多了2%，資產會增加但是很微小，定存利率是「機會成本」概念，代表什麼也不做一定會賺到的錢。

來看實際的數學計算，假設一個月需要5萬元生活費（一年60萬），年平均的投資報酬為5%，需要的股票資產是60萬／5%＝1,200萬。第二年因為3%的通膨率，生活費必須增加到60×（1＋3%）＝61.8萬；可是資產也增加5%達到1,200×（1＋5%）＝1,260萬，可以產生1,260×5%＝63萬元的股利，超過61.8萬元的生活費。從下表可看出，當報酬率（5%）高過通膨率（3%）時，才不會受到通膨的傷害。

報酬率5%，通膨率3%									
年數	1	2	3	4	5	6	7	8	9	10
資產（萬）	1,200	1,260	1,323	1,389	1,459	1,532	1,608	1,689	1,773	1,862
股利（5%）	60	63	66.15	69.46	72.93	76.58	80.41	84.43	88.65	93.08
生活費	60	61.8	63.65	65.56	67.53	69.56	71.64	73.79	76.01	78.29

金錢的流動，就是造成「一個台灣，兩個世界」的主要原因，根據中央銀行 2022 年 6 月的公告，全台灣房貸餘額為 9.141 兆元，如果以當時房貸利率 1.725％計算，一年的利息為 1,577 億元。白話文來說，台灣人跟銀行借了 9.141 兆買房子，一年付出利息（不含本金）就高達 1,577 億元，上班族的錢都進到銀行口袋了。

　　接著來看一下這股上千億的房貸利息錢，如何造成社會的貧富不均。小華是一個學校老師，他為了結婚買了一間新房，跟中國信託銀行借了 1,200 萬的房貸，用 1.7％的利率計算 30 年房貸，平均一個月要繳約 4 萬 3 千元左右（本息平均攤還），一年就是 51 萬 6 千元。小銘則是一位股市投資人，持有 400 張的中信金（2891）股票，2022 年 1 股發放 1.25 元現金股利，小銘的 400 張就領到 50 萬元。

　　從現金流可以看出，小華要認真工作 30 年，繳交房貸給銀行；小銘則不用上班，銀行的股利就會自動進入他的口袋。請問你，30 年後誰會更有錢呢？只要小銘持續買進中信金股票，就會有更多的房貸族在幫他賺錢，因為他了解錢的流動，所以站在錢流進來的地方，但是也有很多的人，站在錢流出的位置。

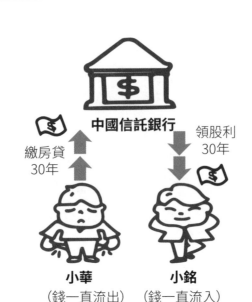

繳房貸
30年

中國信託銀行

領股利
30年

小華
（錢一直流出）

小銘
（錢一直流入）

　　台語有句俗話：「人兩腳，錢四腳」，四隻腳的錢跑得比兩隻腳的人還要快，所以人追錢很辛苦。現實社會中很多人努力工作一輩子，卻怎麼樣也追不到足夠的錢。但是換個角度想，既然錢跑得比較快，讓錢來追人豈不是容易得多？但是，要如何讓錢來追人？答案很簡單，就是好好的學習投資理財，只要具備用錢賺錢的能力，股市這棵搖錢樹，就會一直把錢放進你的口袋。

06

只要有展翅的本事，
就會有飛翔的空間

 陳重銘說

　　人的一生究竟能夠累積多少財富？取決的因素又是什麼呢？我來講一個故事：2001 年，我考上三重商工，終於捧到一個公務員的鐵飯碗，記得剛開始的年薪大約是 80 萬，當年我 35 歲，我開始好奇我教書到 65 歲退休的話，30 年總共可以賺到多少錢？於是我去問資深老師，到退休前應該可以拿到 120 萬的年薪，所以我 30 年公務員生涯的平均年薪是 100 萬，30 年的總收入就是 3 千萬。3 千萬很多嗎？請注意，那是不吃不喝才會有！在我開始計算時已經不一定夠買好房子，就算不吃不喝把錢都存下來，等我 65 歲能有 3 千萬買房時，

3 千萬可能已經買不到台北小套房。

　　而且我是一個公務員，受到法令限制無法兼差賺錢，就算我再有本事也無法增加收入，加上物價、房價年年上漲，我的薪水收入夠用嗎？雪上加霜的是 2017 年公務員啟動年金改革，將來我的退休金又更少了。無法增加收入、物價上漲、退休金變少，我應該要如何因應呢？

　　年輕時我當過 5 年的流浪教師，還要養 3 個小孩，我一直夢想可以拿到 200 萬的年薪，但是身為公立學校教師的我，薪水永遠達不到 200 萬。山不轉就路轉，我開始認真學習投資理財，讓錢自己流進我的口袋。2022 年我可以領到 500 萬的股利，而且在 2019 年就從學校離職，我再也不需要那一份薪水跟退休金，不用再被工作綁到 65 歲，我可以過自己想要的人生。

　　國外曾經做過一個統計，每 100 個 50 歲以上的中年人，有高達 95 個人仍需要辛勤工作，天天為了繳帳單而忙碌，最主要的原因是他們只有一份薪資收入；然而也有 5 個人達到財務自由而不用工作，因為他們有許多的資產，譬如：房屋、股票……等在幫他賺錢。我相信每一個人都希望開除工作，自由自在地過生活，但是你要先達到財務自由。

　　我在教書時，一直拿「只要有展翅的本事，就會有

飛翔的空間」這句話來勉勵學生，每個人頭頂的天空都無窮大，誰願意平平凡凡的過一生呢？只是光靠一份死薪水，真的很難成為有錢人，如果想要展翅高飛，投資理財就是你最需要的那一對翅膀。▮▮

✒ 想投資賺錢，先看巴菲特如何節儉

　　想要學習投資，就要師法股神巴菲特，1930 年 8 月 30 日出生於美國內布拉斯加州的奧馬哈，由於他投資股票的眼光獨到，採用「價值投資法」，擅長在低價時買進績優的股票，被譽為世界上最成功的投資人。他也是著名的慈善家，並承諾捐出 99％的財富，回饋社會。

　　巴菲特從小就有商業頭腦，4 歲的時候他到雜貨店，用 3 美分一包的批發價一次買上 20 包口香糖，然後用一包 5 美分的價格挨家挨戶推銷。那時候大約是 1934 年，不像現在到處都是便利店，而且美國地廣人稀，許多人住得離雜貨店也比較遠，就紛紛跟小巴菲特購買，扣除 3 美分的進貨成本，一包可以淨賺 2 美分。

　　6 歲的巴菲特，他在雜貨店前的垃圾桶中數瓶蓋，發現可口可樂的銷售最好，於是用 25 美分從雜貨店批發 6 瓶可口可樂，再用一瓶 5 美分的價格挨家挨戶推銷，那些乘涼的大人們，都會很高興跟他買上一兩瓶。

賣完 6 瓶之後巴菲特就能淨賺 5 美分，毛利率為（30 － 25）／ 25 ＝ 20%。從小時候銷售的過程中，巴菲特觀察到可口可樂對消費者具有很高的吸引力，知道其中蘊藏著巨大的商機，在 1989 年大筆買入可口可樂，累積獲利高達 20 倍。

　　80 歲時的巴菲特，還記得他 4 歲多賣口香糖時遇到的一件事，一位太太要跟他購買一片口香糖，巴菲特堅決地說：「我不拆開零賣」，零賣的話，其它 4 片如果賣不出去，那就會賠本。有些小錢不要賺，賺了很麻煩，巴菲特從小就懂。巴菲特從小就知道要賺大錢，不能只賺小錢，如果可以做 5 美分的生意，就不要只做 1 美分的生意。2008 年，巴菲特收購了他 4 歲賣的口香糖生產廠家箭牌口香糖，總收購價格是 230 億美元。

　　除了超凡的商業頭腦之外，巴菲特更以簡樸的生活聞名，你絕對不會看到他到處購買豪宅，或是駕駛著豪華跑車兜風，也不會看到他在高級餐廳點了滿桌豐盛的食物，因為他的節儉是出了名的，寧可把錢省下來做投資，以下整理最為人熟知的四個節儉習慣：

　　1 住在老房子：儘管已經富可敵國，巴菲特不會像一些富豪住在紐約的豪宅內，他仍然住在 1958 年用 3.15 萬美元購買，位於內布拉斯加州奧馬哈市的老房子。股市之神居然沒有住在金融聖地的華爾街，這又是

為什麼？因為股神覺得華爾街充斥著訊息、會議、股票經理人，這些人每天都思考、講述著相同的東西，不知不覺就會被捲入盲從的浪潮。

　　巴菲特有一句名言：「當別人貪婪時，你要恐慌；當別人恐慌時，你要貪婪。」人是群居的動物，天性害怕與眾不同，也就很難擺脫集體的影響力。如果住在華爾街，當別人恐慌時你會跟著恐慌，當別人貪婪時你也會跟著貪婪，就無法靜下心來做決策，所以巴菲特寧可住在遠離華爾街的老房子，他才可以靜下心來好好地思考並做決策。

　　2 簡單飲食就滿足：跟一般平民大眾一樣，巴菲特偶爾也喜歡吃吃「垃圾食物」，他經常拎著一袋麥當勞進辦公室，漢堡、可樂、冷凍點心都是他的最愛。他覺得 6 歲小孩的死亡率是最低的，所以也要像 6 歲小孩一樣飲食。他經常一邊喝可口可樂、一邊接受記者的採訪，並透露每天仍然會喝下 5 罐可口可樂，不過可能因為他是可口可樂的大股東，無時無刻都在幫忙宣傳吧！

　　俗話說：「病從口入」，現代人往往是大魚大肉吃太好，三高（高血壓、高血糖、高血脂）有如冤魂纏身。根據衛生署統計，台灣每四位死亡者中，就有一人死於三高相關疾病，所以要簡單飲食、多蔬果、多運動，有了健康的身體才可以享受投資帶來的財富。

❸ 只買二手車： 現在很多人喜歡開著超跑炫富，但是巴菲特只會買有優惠折扣的二手車，對他來說車子只是代步工具，寧可把錢省下來做投資，用複利把錢放大。舉例來說，如果巴菲特省下買豪車的 500 萬元，用他過去平均每年 20％的報酬率計算，第 10 年會累積到 2,580 萬元，第 20 年則會變成 1.6 億元。在巴菲特的眼中，買進 500 萬的豪車，等於放棄 20 年後的 1.6 億元，所以他寧可只開二手車。

原始買車資金 500 萬，平均年報酬率 20%										
年數	1	2	3	4	5	6	7	8	9	10	20
金額（萬）	500	600	720	864	1,037	1,244	1,493	1,792	2,150	2,580	15,974

❹ 先存錢再把剩下拿來花： 巴菲特不崇尚名牌服裝，用意是避免非必需的開支和消費。節儉是許多首富的美德，巴菲特住在老房子、比爾蓋茲戴 300 元的手錶、Facebook 創辦人祖克柏開著大約台幣 90 萬的車，富豪們了解今天省下來的支出，明天可以帶進更多的財富。

巴菲特曾說：「你不是把花剩下的錢存起來，而是先存錢再把剩下的錢拿來花。」想要成為有錢人，首先

要有紀律的管好你的錢，不少上班族一拿到薪水就拚命享樂，過得跟皇帝一樣，等到月底沒有錢時又活得像乞丐。如果不能規劃好手中的錢，還談什麼投資呢？想要投資就一定要有錢，所以當薪水進來時，一定要把投資的錢先存起來，只能夠花剩下的錢。

▣ 陳重銘的節儉理財小祕訣

上班族普遍想要靠加薪來「開源」，卻往往不盡如人意，但是「節流」卻是比較簡單，是可以立竿見影的方法。下面是陳重銘的節儉理財小祕訣，大家也可以參考辦理，建立良好的節約理財習慣：

1 先存錢再花錢：不少人想要投資理財，但卻是把薪水花光光的「月光族」，也就無錢可理。所以「先存錢、再花錢」，是投資理財的第一要點。

2 記帳：很多人口袋中的錢，會不知不覺的花光光。所以要養成記帳的習慣，從資金的「收入」、「支出」、「結餘」，了解每天、每周及每月的金錢流向，並從中找出被隨意浪費掉的錢。

3 保留發票跟收據：每次消費後，要保留所有購物的發票、收據，然後一一檢討哪些是不必要的開銷，以後就不要再買。

4 不要辦一堆信用卡：如果手上有太多信用卡，

不知不覺就會刷爆存款，所以只要留一張常用的卡就好。要記得繳清每月的帳單，如果沒有全額繳清就必須付給銀行利息（信用卡循環利息），通常高達 5％～15％左右。

5 節省餐費和交通費： 外食的餐費往往是上班族的一大筆開銷，所以要盡量自己帶午餐便當。交通費也是能省則省，開車會增加油錢、稅金、保養維修、停車費……等支出。在都會區還是盡量靠 BMW（Bus、公車；Mrt、捷運；Walk、走路），當你省下 1 元，就等於賺到 1 元。

6 想要還是需要： 在購物之前，不妨先思考「這筆錢值不值得花？」，例如在口渴的時候問問自己，是「需要」喝水，還是「想要」買飲料。不少上班族早上一杯咖啡配早餐、中午再來一杯咖啡提神，一天花了 100 元買咖啡，雖然可以得到小確幸，但也會跟往後的大幸福說掰掰。

一天省下 100 元的咖啡跟飲料錢，一個月就是 3 千元，投資在年報酬率 10％的商品上，30 年後可以累積到 623 萬 8 千元，你等於多了一筆退休金，而且喝水還賺到身體健康。

定期定額投資試算			
每月投資金額	投資年報酬率	投資期間	到期總金額
3,000 元	10%	30 年	623.8 萬
備註	以月份作為複利的期次		
	申購手續費以 1.0% 計算		

7 使用折價券：超級富豪的巴菲特，有一次請比爾蓋茲吃麥當勞時，仍然從口袋中掏出折價券。記得一定要殺價，能省 1 元是 1 元，如果你不殺價，商家也不會主動降價賣你。購物時盡量挑有折扣的時候，例如加 1 元多 1 件，但是要記住真的有需要時再買，不要因為有折扣就一直掏光口袋。

8 自己做居家修繕：換燈泡、修水龍頭、通馬桶這些小工程，盡量自己來就能夠省下不少錢，可以上網學習相關的技能。

▷ 理財要有理性，也要有人性

 吳淡如說

不過，接下來就是我要講的「反話」了。你看完巴菲特節儉論點，若實際套用在日常生活上，放棄各種小

確幸很累很辛苦耶！其實說真的我活得恐怕比巴菲特浪費一點，因為每一個人的生活有他自己的方式，巴菲特的方法也許不會讓你快樂，我也並不主張每一個人都一定要省下一杯咖啡，因為那要看你的總收入有多少！如果你一個月收入十幾萬，每天連一杯咖啡都捨不得喝，或者老婆買個保養品你就唉唉叫，活得這麼節儉，我也不相信你婚姻會很幸福！其實重點就在於，你一定要量入為出！賺得要比花得多！這樣講簡單多了對吧？

　　我看過巴菲特的傳記，巴菲特 32 歲就變富豪，但是他跟他的太太蘇珊，卻因為錢而吵架。為什麼呢？他娶了一個非常有藝術細胞的可愛女人蘇珊，其實他的孩子也都是在蘇珊的照顧之下健康長大，從他的傳記看來，他每天都在想股票，疏忽家庭，所以蘇珊一直覺得自己像單親媽媽。當 30 多歲的巴菲特開始有錢之後，搬了新家，蘇珊想要花錢裝潢，設計師送來報價單，裝修大約要花 1.5 萬美元（約合台幣 48 萬）。

　　當時的巴菲特，可是一隻鐵公雞，他對老婆的想法不以為然，覺得如此多的裝修金額「在要他的命」，公開表示反對。

　　這兩個人一直在：「妻子想花錢，老公想省錢」的狀況之中。其實剛開始妻子是很配合老公的，可是裂縫一再出現。

巴菲特的確是一個很節儉的人，我相信他的節儉其實不單只是愛錢而已。中年以前的巴菲特總是穿著破舊的老衣服，有點隨便。曾經有記者問巴菲特，為什麼？巴菲特很幽默的回答：「我並不是不穿，只是因為名貴的服裝穿到我身上，也顯得便宜了。」在個人習慣方面，巴菲特是一個很不注重自己著裝的人，他的衣服總是穿到破得不能再破的時候才換新的。後來他雖然不太管蘇珊花錢，但是蘇珊為他買的衣服他幾乎不穿，或者乾脆退掉，如果你是他的老婆，你心裡應該很不舒服吧？

　　這兩個人的恩怨史很長，從 1977 年就分居，但是始終沒有離婚，還保持著朋友關係。2004 年，72 歲的蘇珊離開了這個世界。傳說巴菲特泣不成聲。也許他很明白自己犯下的錯誤，可是時間是無法回頭的，感情也是無法回頭的。

　　我要說的是，就算你理財非常精明，卻也不可以只會理財，畢竟理財是要讓我們過著比較好的生活，而且讓我們所愛的人一起獲益。不然你帳面上有那麼多錢有什麼用呢？

　　理財界的聖人巴菲特也是有缺點的。我們在學習他的理財術的時候，別忘了也對家人和朋友好一些。所謂的好一些，並不是指用錢寵壞或縱容他們，懂得如何用

錢來創造好的生活很重要,如果你已經足夠有錢!📶

📧 一定要懂的不敗雪球投資術

　　我們再來好好解釋巴菲特的雪球理論,巴菲特說:「人生就像滾雪球,你只要找到濕的雪,和很長的坡道,雪球就會越滾越大。」這就是廣為人知的「雪球投資術」。

　1 濕的雪:濕的雪用來比喻投資的報酬率,雪球則是你的資產。越潮濕的雪球就可以黏起越多的雪花,雪球才能夠快速滾大。下圖中的原始資金是 100 萬,投資時間為 30 年,如果用 10% 的報酬率計算,最後會累積到 1,586 萬;要是能夠達到股神的 20% 報酬率,則會變成驚人的 1.98 億。只是一年增加 10% 的報酬率,資產卻會變成 12.47 倍,所以投資的重點是努力學習,增加自己報酬率。

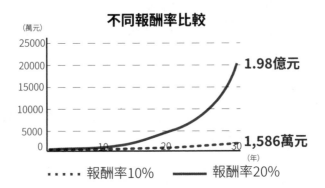

不同報酬率比較

（萬元）

‧‧‧‧‧ 報酬率10%　　　—— 報酬率20%

2 坡道：小雪球需要長長的坡道才可以滾大，無法在一夕之間速成；同樣地投資也需要時間，無法像賭博一樣速成。想要加長時間，首先是「活久一點」，但這只能看老天爺，我們能夠掌握的就是「早點開始」。如果報酬率都是 10%，從 31 歲投入 100 萬，在 40 歲時可以累積到 236 萬；但是如果延後 5 年，36 歲時要投入 160 萬，40 歲才可以累積到 234 萬。由此可見，「時間」是投資的重要因素，越早開始投資的話，就只需要越少的錢。

越晚開始投資，需要投入越多的金錢。年均報酬率 **10%**											
年紀		31	32	33	34	35	36	37	38	39	40
31 歲開始投入 100 萬	累積資產	100	110	121	133	146	161	177	195	214	236
36 歲開始投入 160 萬	累積資產	晚 5 年開始投資					160	176	194	213	234

3 雪花：想要把雪球滾大，需要添加源源不絕的雪花。股利就是讓你資產變大的雪花，所以在領到股利時，不要隨便花掉來犒賞自己，而是要持續投入。如果一開始投資 100 萬元，用年均股利率 6% 計算，第一年可以領到 6 萬元的股利，買回後資產會變成 106 萬；第二年可以領到 6.36 萬元，繼續買回後會變成 112.36 萬

元。只要持續下去，可以發現資產跟股利都會「一暝大一寸」，這就是在滾雪球了。

學習投資理財，就是幫自己打造一副可以高飛的翅膀，讓你可以擁有更寬廣的未來。然而，投資理財也並非穩賺不賠，每個人都想要在股市中提款，那麼誰又是別人的提款機呢？進行投資理財之前，應該要先具備正確的觀念，才不會「呷緊弄破碗」。慢慢地走，真的比較快；投資就像滾雪球一樣，需要我們一點一點的累積。

投資 100 萬元，年均股利率 6%									
年數	1	2	3	4	5	6	7	8	9	10
資產 (萬)	100	106	112.4	119.1	126.2	133.8	141.9	150.4	159.4	168.9
股利 (萬)	6	6.36	6.742	7.146	7.575	8.029	8.511	9.022	9.563	10.14

07

聰明理財者要明白的
護城河、能力圈、安全邊際

 陳重銘說

　　我經營粉絲團多年，經常收到粉絲訊息詢問：「老師，我買了某某股票多少錢，已經賠了多少％，應該要停損嗎？」我都會問他們為何買這支股票，最常聽到的回答是：「我聽朋友講說會漲幾倍，網路討論區說後勢看漲……」，我不禁納悶，你拿這麼多的錢去買股票，只是靠口耳相傳的消息，卻連公司營收項目在做什麼都不清楚！如果你不賠錢，那麼誰會賠錢呢？

　　巴菲特強調要在「能力圈」以內投資股票，也就是「你只能投資自己了解的公司，如果你沒辦法理解，那就不要去投資。」能力圈的重點並不是你懂多少，而是

你「不懂什麼」。現在的資訊氾濫，每一支股票在媒體渲染之後，看起來都非常誘人，但是如果你不懂這家公司，上漲的時候你會煩惱「要不要獲利了結」，下跌的時候也會煩惱「要不要停損賣出」，整個投資決策有如盲人騎瞎馬，最後就是賠錢更賠上心情。

「斷、捨、離」是能力圈的要點，不懂的千萬不要碰，就可以減少虧損機率。1998 年，網際網路產業開始蓬勃發展，1999 年時網際網路泡沫達到頂峰，相關公司的股價大漲，巴菲特的波克夏公司股東們，更是大聲質疑巴菲特為何不買網路股，股神依然不為所動，堅持不買自己不懂的股票。到了 2000 年 3 月，網路泡沫開始破裂，直至 2001 年全面消退，許多網路公司的股價急速下挫，甚至破產。堅持能力圈的巴菲特，做到了「別人貪婪時我要恐懼」，成功避開網路泡沫。

然而，能力圈也不能當作故步自封的藉口，而是「在能力圈內投資，在能力圈外學習。」不斷的擴大你的能力圈。巴菲特並沒有躲在能力圈裡退化，而是持續地學習，隨著互聯網不斷成長並踏入每個人的生活，巴菲特也讓互聯網成為他的能力圈，他在 2016 年開始購買蘋果公司的股票，到了 2022 年初讓他大賺了一千億美元。

投資就像電玩打怪一樣，要先了解自己的實力，在

能力範圍內慢慢升級，如果把每一次投資都當成賭博，很快就會賠光出局。

1 知道自己的能力圈範圍：投資理財往往牽涉到大筆的金錢，甚至會影響到人生跟未來，一知半解反而是危險的。了解自己「不知道什麼」，不要過度高估自己的能力，遠離危險往往比賺錢更重要。

2 建立與維持能力圈：持續的學習很重要，可以維持並擴大你的能力圈。保持好奇心會讓你樂於學習，多讀書可以從別人的經驗中獲益，然後誠實記錄你成功與失敗的經驗，將來你就會少走許多冤枉路。

3 面對自己的失敗：當投資股票賺錢了，會覺得是自己眼光神準，到處敲鑼打鼓；可是一旦失敗了，往

往會安慰自己是運氣差，或是大環境不好……，其實都只是在欺騙自己。投資股票不可能只賺不賠，要了解失敗的原因並記取教訓，為下一次的成功做好準備。📊

📑 尋找有護城河的企業

　　巴菲特說投資就是在滾雪球，看著雪球越滾越大好像很不錯，但是萬一融化了怎麼辦？如果存一支股票很多年，可是公司倒閉了也會化為烏有。所以巴菲特把「護城河」的觀念引申到投資股票上，他喜歡護城河很寬、很深，裡面最好再養一群鱷魚，就可以保護他的投資。

護城河可以保護你的資產

股災

競爭對手難以進入

　　「護城河＝企業的競爭力」，不僅可以阻止競爭對手進入，更能夠增加獲利並使企業長期生存。巴菲特在

1993 年致股東的公開信中提到：「可口可樂和吉列刮鬍刀，它們的品牌力量、產品屬性以及銷售通路，近年來都在全球市場持續增加市占率，這些優勢就像在經濟城堡外圍建立了一圈護城河，使得他們比別的對手擁有更強的競爭力。」企業的護城河種類有哪些呢？

1 無形資產：包括了品牌、專利、特許經營權等。喝可樂時大家第一個想到的是可口可樂，就算競爭對手偷到配方也難以模仿跟超越，商標就是可口可樂最大的無形資產。

2 特許行業：台灣的銀行業是政府高度管理的特許行業，別的企業就算再有錢也無法成立銀行，現有的金控就具有護城河的保護。

3 轉換成本：習慣蘋果手機的用戶，很難轉換到安卓系統，因為重新學習的轉換成本很高，客戶也就具有高度的黏著性。還有就是用信用卡約定扣繳水費、電費、瓦斯費、保險費、網路與電話費等費用，一旦更換信用卡會造成麻煩，所以通常就會懶得轉換。

4 成本優勢：當你生產的成本越低，你的護城河就越寬。全球最大的零售商沃爾瑪（Walmart）專注於節約開支，像是大量採購就握有殺價的籌碼，以及隨著店家數量增加而建立的物流配送系統，也能因此降低成本。

5 **通路優勢：**博客來網路書店結合 7-ELEVEN 的通路優勢，省掉傳統書店的租金、水電、員工薪水等成本，並可以 24 小時營業，讓它打敗眾多的實體連鎖書店。

6 **規模優勢：**遍布台灣的 7-ELEVEN 已經壓縮競爭對手的展店空間，結合堅強的物流、情報、後勤等支援體系，形成 7-ELEVEN 難以撼動的規模優勢。

🖹 有「安全邊際」是投資成功的基石

當你想要出門看電影，電影票價 300 元，零食飲料 100 元，你會只帶 400 元出門嗎？還是帶 1,000 元比較保險呢？同樣地，當你把貴貴的蘋果手機放在桌子上時，你會放在邊緣讓它快要掉下去，還是放裡面一點會比較安心呢？假設距離 30 公分好了，這段距離就是你心目中的「安全邊際」，有設定安全邊際的話，萬一地震突然到來，你的手機一定會比較安全。

手機要離桌子邊緣幾公分才能安心？其實並沒有絕對的標準，因為每個人的危機意識不同，所以對於風險的忍受程度也不同。同樣地在投資股票時，也要設定一下安全邊際，假設你評估一支股票的價值是 100 元，但是自己有可能評估錯誤，股市也可能發生意外的波動，所以先打個 8 折，耐心等到 80 元時才出手，這時候就

有了 20 元的安全邊際。安全邊際設定得越高，你當然就會越安全，但是也有可能買不到股票了；好比一間房子的售價是 2 千萬，你一開口出價就是 1 千萬，安全邊際是夠大了，但是賣家可能就會關門送客。

　　股神巴菲特曾說：「安全邊際是投資成功的基石」，只有當「股票內在價值＞股票市場價格」，有足夠安全邊際時才值得出手。「內在價值」就是該企業在倒閉前，股東所能獲取的現金流。只是企業何時倒閉很難預估，所以可以用自己能夠承受的年限來預估。

股市實例解析

　　以下拿中華電信（2412）舉例說明，為了避免單一年度的影響，取用最近 5 年的平均值，可以看出 5 年的平均股利是 4.486 元，如果願意持有 25 年，那麼內在價值 ＝ 4.486×25 ＝ 112.15 元，也就是 25 年內可以拿回 112.15 元，那麼股價在 112.15 元以下時就適合買進。

中華電信 (2412) 配息紀錄						
年度	2018	2019	2020	2021	2022	平均
股利（元）	4.8	4.48	4.23	4.31	4.61	4.486

就算是獲利穩定、大到不會倒的企業，內在價值還是很難精準地評估，甚至會有估計錯誤的可能。所以要有足夠的安全邊際，<u>也就是你買進的價格遠小於內在價值時，就不容易出現大的虧損，也會放大未來的獲利空間。</u>

安全邊際並不是一個固定的數字，必須要隨著國際股市氣氛來調整，當天下太平的時候可以設得小一點，例如 10％以下；當國際發生巨大動盪時，像是在 2008 年金融海嘯、2020 年肺炎疫情擴散時，一定要多設一點才會安全。在 2008 年金融海嘯時，鴻海最高價是 202 元，但是最低價只有 52.6 元，差距非常大，如果安全邊際設得太小，就可能買到太貴的股票，減少你未來獲利的空間。

在設定安全邊際時，一樣要謹守你的能力圈，在你了解的領域挑選便宜的股票：

1 股災：2020 年肺炎疫情擴散時，美國道瓊指數不斷地熔斷，台灣股市也是跟著溜滑梯，此時就是撿便宜股票的好時機。但是應該要設定多一點的安全邊際，避免買在太高的價位。

2 公司出事：例如發生意外、負面消息，導致股價重挫，這時候就要在你的能力圈內評估，趁機大撿便宜，但是不要買進自己不懂的股票。

巴菲特在 1973 年購入《華盛頓郵報》的股票，成為安全邊際的一個最經典案例。1973 年，當時大部分的分析師、股票經紀人，估算《華盛頓郵報》整間企業的價值在 4 億至 5 億美元之間，但是當時市場上的市值卻是 1 億美元，巴菲特大概用了內在價值的四分之一價錢，在市場上購買了《華盛頓郵報》的股票。巴菲特堅持要有足夠的安全邊際，當股票價格有大幅折讓時，就要大膽買進。後來，《華盛頓郵報》為巴菲特帶來了超過 100 倍的投資收益。

　　最後來總結一下，投資股票千萬不要道聽塗說，不然只是把你的辛苦錢送給別人隨便花，市場上的股票這麼多，必須要經過一層層過濾，才能夠挑選出適合自己的好股票。

　　要素 1 能力圈： 只投資自己懂的股票，不要浪費錢跟時間在你不懂的股票上，就可以避開風險，讓你遠離虧損更賺到心情愉快。

　　要素 2 護城河： 挑選獲利跟配息穩定，適合長期投資的績優龍頭股，排除獲利不穩、賠錢，或是只有本夢比的股票（只有夢想，沒有實際獲利）。

　　要素 3 安全邊際： 就算是好公司，買在太貴時一樣會受傷，巴菲特隨時保留大量的現金，靜待股市大拍賣時才出手。打擊高手只會在有把握時才出手，如果每

一球都揮棒，很快就會三振出局。

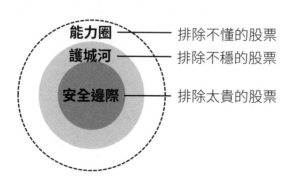

08

如果散戶不想被割韭菜

　　什麼是散戶？大概就是沒有能力控制股價，跟法人和大戶資訊不對等的人，也就是被割韭菜的肥羊。大多數的散戶都想要在股市中提款，但往往卻變成別人的提款機。投資股票其實是一個「知易行難」的過程，原理很簡單，就是「靠好公司幫我賺錢」，但是在實際操作時，往往因為知識不夠、觀念不正確、無法堅持……等毛病，導致投資的道路上充滿了荊棘。

　　這個單元我們借助股神巴菲特的智慧，幫大家建立一些重要的觀念。只要走在對的道路上，投資其實也可以很簡單。

▣ 12 個投資忠告，掌握關鍵觀念

■ 追求簡單，避免複雜

投資的概念很簡單，就是買進好股票，靠公司資源跟員工幫你賺錢。巴菲特認為，投資成功的主要因素取決於「企業的實質價值，和支付一個合理划算的交易價格。」巴菲特在 1988 到 1989 年間購買了 10 億美元的可口可樂股票，後來為他帶來上百億美元的獲利，他的投資邏輯在於：企業是否簡單且易於了解，過去經營是否穩定，未來發展是否看好，經營階層有無誠信，能不能跟隨市場的腳步，能夠為股東創造多少利潤等。

如果挑到好的公司，操作方法就是很簡單的「買進，持有」，巴菲特曾說：「如果你不想持有一支股票 10 年，那麼連 10 分鐘都不要持有。」現在的資訊氾濫，投資人往往陷入「喜新厭舊」的循環中，頻繁的交易會增加買到爛股票的機率，也讓你不斷付出交易費、證交稅等成本，更會讓你無法抱牢手中的好股票，也就無法享受到好股票的長期報酬。

■ 放長線釣大魚

投資的重點是「有錢，更要有閒。」很多人認真研究、頻繁換股操作，結果是搞到自己沒賺到錢，更疲於奔命。巴菲特認為投資人「一生只要做對幾次投資決策

就行了」，他常常說自己是一個懶惰的人，他的投資哲學可以歸納為：

1. 尋找價值被市場低估的股票。

2. 在低價時買進。

3. 耐心持有並等待上漲。

只有放長線才能夠釣到大魚，巴菲特說他最喜歡持有一支股票的期限是「永遠」。但是許多人的做法卻往往相反，當股票賺錢時就急著獲利了結，反而留下許多賠錢的股票，這種行為是「拔掉花園的鮮花，然後留下滿園的雜草。」

❸ 不要盲從技術分析

100 多年前的倫敦，市民普遍以馬車代步跟運送貨物，19 世紀末的倫敦養了 30 萬匹馬，每天可以產生幾千噸的馬糞，於是爆發了「馬糞危機」，1894 年的《泰晤士報》曾經預言，在接下來的 50 年裡，倫敦將被 9 英尺高的馬糞淹沒。幸好後來發明了汽車，大城市才沒有被馬糞淹沒。

技術分析跟預測馬糞一樣，是用過去的走勢來預估未來，所以就存在著盲點。許多人喜歡技術分析，只是因為很好懂，不用去研究總體經濟（升息、通膨）、產業前景、公司競爭力，只要看著線圖就可以買賣股票。巴菲特說：「技術分析就像看著後照鏡在開車前進」，

因為技術分析無法看出公司未來的獲利能力、成長性、經營風險等。要知道，股價往往是反映「未來」的獲利，怎麼可以用「過去」的線圖來預估呢？

❹ 注重內在價值

由於股市中充滿著許多非理性的行為，導致股票的真實價值往往被市場高估或是低估，所以不要把自己當作股票投資人（猜測股價），而是要當成企業的分析家（評估價值），把每一筆投資都當作是要買下整間公司，你才會認真的研究這家公司的價值，並長期抱牢股票。

股市實例解析

2008 年金融海嘯降臨，聯詠（3034）從高點的 125 元滑落到最低的 23.5 元，市場氣氛恐慌到極點，但是我觀察到聯詠依然有賺錢，也發放得出股利，認為是好公司碰到倒楣事，就開始慢慢買進。統計 2008 至 2021 年，聯詠每股總共賺到 188 元並發放出 151 元的股利，可見 2008 年的聯詠，股價遠低於其內在價值。只有了解企業的真正價值，你才敢在股災時大撿便宜。

聯詠 (3034) 歷年獲利與股利														
獲利年度	2008	2009	2010	2011	2012	2013	2014	2015	2016	2017	2018	2019	2020	2021	合計
EPS (元)	6.18	6.78	7.69	6.16	7.36	7.81	11.9	10.5	8.22	8.26	10.5	13	19.4	63.9	188
股利 (元)	4.5	5	5.8	4.6	5.59	6	10	9	7	7.1	8.8	10.5	15.6	51.5	151

5 集中投資的原則

有些投資人認為如果把雞蛋放在一個籃子裡，萬一籃子摔下來就無法挽回。所以就拚命買進越多種的股票，以為可以分散風險，其實誤解了分散投資的概念。因為過多的股票往往造成管理的困難，也會買到自己不熟悉的股票。盲目地強調分散，導致他們對於熟悉的公司，投資得太少；對於不熟悉的公司，又買得太多，反而增加了風險。

巴菲特認為人的時間跟精力是有限的，所以他喜歡將適當的資金規模，集中在少數幾家的優質企業，並盡量優化自己的投資組合。觀察股神的波克夏公司（2022 年 Q1），前 5 大持股的比重高達 75.99％，其中蘋果電腦更高達 42.79％，波克夏靠著蘋果大賺了千億美元。這正好與「八二法則」相吻合：80％的投資利潤，來自於 20％的股票。巴菲特說：「我喜歡把所有的雞蛋放在一個籃子裡面，然後悉心的看管這個籃子。」

2022 年 Q1 波克夏前 5 大持股						
公司	蘋果	美國銀行	美國運通	雪弗龍	可口可樂	合計
代號	AAPL	BAC	AXP	CVX	KO	
比重 (%)	42.79	11.45	7.8	7.13	6.82	75.99

6 選擇連笨蛋都能夠經營的公司

巴菲特說：「你應該選擇連笨蛋都會經營的公司，因為總有一天這些公司會落入笨蛋的手中。」巴菲特喜歡那些經營方式，跟 5 年前、甚至是 10 年前完全相同的企業，可口可樂的配方一百多年來幾乎都沒有變過，減少了研發、管理、出錯的成本。

股市實例解析

大台北瓦斯（9908）主要業務是瓦斯及設備供應，在台北市松山、信義、大安、萬華、中正、大同、中山等 7 個行政區及士林區福華、明勝里為供應區域，並無其他競爭對手。由於擁有固定市場和政府法規保護的護城河，EPS 跟股利有穩定成長的趨勢。公司的業務很單純，就算落入笨蛋手中也一樣會賺錢。

大台北 (9908)							
獲利年度	2014	2015	2016	2017	2018	2019	2020	2021
EPS（元）	1.31	1.21	1.42	1.54	1.32	1.68	1.64	1.75
股利（元）	1	1	1	1.1	1.1	1.1	1.1	1.1

▇ 關鍵時刻要勇於決斷

用特寫鏡頭看股市，或許是一個悲劇；但是用廣角鏡頭來看，卻往往是一齣喜劇。投資股票的目的是靠好公司幫我賺錢，「低價買進好公司」才是投資的精髓。但是好公司的股價也不會便宜，好不容易等到股災降臨，看著股價天天都便宜時，投資人往往因為心理的恐慌，而錯失了良機。

股市實例解析

2020 年肺炎疫情席捲全球，股市紛紛重挫，護國神山台積電（2330）股價從 2020 年 1 月 14 日的 346 元高點，急跌到 2020 年 3 月 19 日最低的 235.5 元，短短兩個月跌幅高達 31.9％。投資人的恐慌賣壓，當然也提供了低價進場的時間點。

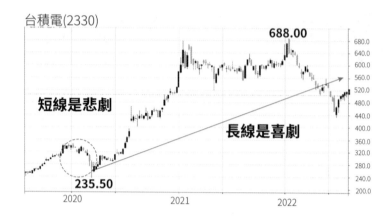

　　如果當時能夠理性的判斷，台積電的製程技術領先全球，隨著科技不斷的進步，IC 的需求只會越來越多。加上肺炎疫情引發宅經濟，筆電、平板、手機、螢幕等產品需求大增，電動車崛起也需要更多的 IC 晶片，讓原本產能供不應求的台積電更是雪上加霜，只好不斷增加資本支出來擴產，獲利跟股價也節節攀升。危機往往是轉機，要勇敢買進獲利成長的公司。

台積電 (2330)					
獲利年度	2017	2018	2019	2020	2021	2022（前 3 季）
EPS(元)	13.23	13.54	13.32	19.97	23.01	27.79

2020 年起獲利大增，危機也是轉機。

8 理性思考，克服人性弱點

人是由動物進化過來的，「趨吉避凶」是一個本能；人也是群體的動物，喜歡「從眾」來一起行動。這些寫進我們 DNA 裡面的習性，往往成為投資股票的最大阻力。

2020 年肺炎疫情蔓延，大家紛紛居家上班、上課，宅經濟也引發了筆電、平板、手機等需求，造成液晶面板供不應求，相關大廠如群創（3481）更是久旱逢甘霖，投資人看著公司獲利大增而瘋狂買進，2021 年 4 月 29 日將股價推升到 35.55 元的高點，市場上充滿著一片樂觀的氣氛。

然而，筆電、平板通常可以使用上好幾年，因為疫情而提前爆發的買氣，也埋下往後銷售不振的苦果。公司獲利從 2021 年 Q3 開始下滑，甚至在 2022 年 Q2 是轉盈為虧，2022 年 8 月 1 日股價最低來到 10.15，只剩下高點時的三分之一不到。

巴菲特有一句名言：「當大家貪婪時，我要恐慌；大家恐慌時，我要貪婪。」看到群眾瘋狂樂觀時，你更應該要理性的思考，才可以克服「從眾」的人性弱點。要知道「10 個人之中，有 9 個人賠錢，只有 1 個在賺錢」，你千萬不要加入那 9 個人的行列。

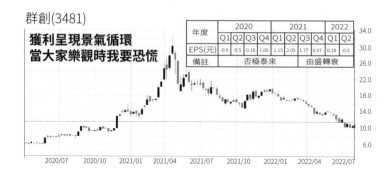

群創(3481)

獲利呈現景氣循環
當大家樂觀時我要恐慌

年度	2020				2021				2022	
	Q1	Q2	Q3	Q4	Q1	Q2	Q3	Q4	Q1	Q2
EPS(元)	-0.6	-0.5	0.16	1.05	1.15	2.05	1.77	0.57	0.18	-0.5
備註	否極泰來				由盛轉衰					

⑨ 設定明確的目標，更容易成功

大家都聽過股市是一隻金雞母，也是一棵搖錢樹，要如何在股市中提款？2022 年台灣股市發放 2.35 兆現金股利，對於持有股票的投資人來說，真的是豐收的一年。持有股票你才可以領到股利，但是要把握：「績優股票」、「分散投資」的原則，可是一般的投資人不一定有時間研究，更沒有資金分散在許多的股票上面，此時可以考慮買進高股息 ETF。

股市實例解析

以國泰永續高股息（00878）為例，持有 30 檔過去配息穩定的成分股，每年更換 2 次成分股進行汰弱換強，所以你完全不需要研究個股，只要努力存到你想要的張數即可。假設希望平均一個月可以領到 2 萬元的

股利，一年也就是 24 萬元，那麼要存多少張呢？先來看一下過去的配息紀錄，由於 00878 是在 2020 年 7 月 20 日上市，所以統計 2021 年後的股利，平均每季發放 0.27 元。

但是我先保守估計為 0.25 元，也就是一年可以配發 1.0 元現金股利，那麼要存到 240 張才可以年領 24 萬股利。

國泰永續高股息 (00878)							
	2021				2022		
除息日	2/25	5/18	8/17	11/16	2/22	5/18	8/16
股利 (元)	0.15	0.25	0.3	0.28	0.3	0.32	0.28

設定了 240 張的目標之後，就要一步步地朝目標前進。對於一般的小資族、上班族而言，定期定額是最容易的存股方式，例如有紀律的每個月買進一張，但是過程中總是會碰到股價波動，要相信高股息 ETF 不會倒閉變壁紙，只要能抓住股災大跌時，勇敢用積蓄、考績、年終獎金加碼，會更快速的存到你要的張數。投資其實跟人生一樣，先設定一個目標，有夢最美，但是築夢也需要踏實。

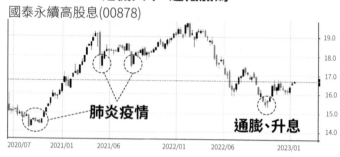

危機入市，逢低加碼

國泰永續高股息(00878)

選擇適合自己的投資方式

某某投資達人持有的股票，就適合你跟著一起投資嗎？要記住每個人的年紀、資金、風險承受度都不相同，所以不一定能夠依樣畫葫蘆。我認識一位 80 幾歲的投資人，他很喜歡買中華電信（2412），覺得公司經營穩定，由於他買進不少的張數，股利也足以讓他安度晚年！

股市實例解析

但是最近 5 年中華電信平均的殖利率僅 4%，對於投資 100 萬的小資族而言，一年只能拿到 4 萬元的股利，短期內也無法改變生活，而且根據 72 法則計算，需要 72 ／ 4 = 18 年才能夠將 100 萬翻倍成 200 萬，有點久啊！

所以，年輕的小資族就不適合銀髮族的投資方式，先放棄安穩但殖利率低的股票，然後承擔一點風險，來爭取更高的報酬。

中華電信 (2412)			
年度	現金股利 (元)	年均股價 (元)	年均殖利率 (%)
2022	4.61	124	3.72
2021	4.31	113	3.81
2020	4.23	109	3.88
2019	4.48	110	4.07
2018	4.8	106	4.53
平均	4.49	112.4	4.00

11 勿以事小而不為

上班族要養家活口，又要繳房貸，每個月只剩下區區的幾千元，就算認真投資理財，何時才能看見未來？還不如把小錢拿來犒賞自己，活得開心一點比較重要？要知道，「千里之行，始於足下！」參天巨樹的開始也是一粒小小的種子，所以千萬不要浪費你手中的小錢，那也是讓你財務自由的關鍵喔！

如果一天省下 150 元（香菸、飲料、零食、外食），一個月就是 4,500 元，看看在不同的報酬率之

下，會累積到多少錢呢？

每個月定期定額投資 4,500 元			
報酬率	5%	10%	15%	20%
20 年	1,833,560	3,257,940	5,971,830	11,142,873
30 年	3,684,140	9,356,817	25,342,967	70,543,132

以月份作為複利的期次

申購手續費以 1.0% 計算

就算是買進高股息 ETF，安穩領 5% 的股利，30年後也會累積到 368 萬；如果認真學習投資，達到股神巴菲特的年均 20% 報酬率，可以累積到驚人的 7,054萬喔！所以絕對不要輕視自己的能力，更不要忽視手中的小錢，它們都是你改變未來的力量。

🔢 選擇持續獲利的行業

投資股票就是靠好公司幫我賺錢，簡單來說就是「長期飯票」這四個字，評估的條件：「公司的獲利穩不穩定？配息穩不穩定？」廣受台灣投資人喜愛的金融股，具有四大優點：

1. **護城河優勢**：金控屬於特許產業，新的競爭者無法進入。

2. **跟隨市場壯大**：隨著經濟不斷成長，金融市場會不斷壯大，例如台灣股市規模，逐年不斷成長，國人刷卡金額也是不斷創高。

3. **景氣循環影響低**：銀行是民生必需產業，房貸、投資手續費、信用卡費……，都是金融業穩定的收入來源。

4. **受惠升息**：2022 年開啟升息循環，提高存放款利差，有利提升銀行獲利。

股市實例解析

以消費金融龍頭的中信金（2891）為例，獲利與股利穩定成長，就是屬於長期飯票型的公司，投資人只要增加手中的張數，就可以靠股利來幫生活消費買單。例如存到 100 張，一年約可以拿到 10 萬元股利，可以用來繳中國信託的信用卡費用。你消費，它買單，這就是長期飯票。

中信金 (2891)						
獲利年度	2016	2017	2018	2019	2020	2021
EPS（元）	1.43	1.91	1.85	2.16	2.15	2.73
股利（元）	1	1.08	1	1	1.05	1.25

➢ 讓你感覺幸福的可支配所得

 吳淡如說

　　一直為了未來存錢也不會感覺幸福吧？在這裡我要補充一個概念。如果你不想因為錢而活得困窘，請注意你自己生活費用的「安全邊際」，我叫它「讓你感覺幸福的可支配所得」。我們來嘗試一個動腦練習題：

　　小慧從小長得美，學歷也一流，大學畢業後考上某電視台，受到了長官的重點栽培。主播當 3 年後，受到第二代的熱烈追求，在眾人的豔羨中，舉行了豪華的婚禮，嫁入豪門。之後就在家相夫教子。某次出席同學會，眼尖的記者朋友發現，她身上的包還是以前那一個，身上穿的也就是 ZARA，開她玩笑說：妳幹嘛這麼低調？小慧說：我真的沒有錢！小慧沒有說謊，婚姻也平安，請問到底是怎麼回事？

　　答案是：嫁入豪門，大家都以為她可以揮霍，但沒有。問題出在「可支配所得」變少了。可不要以為豪門一入都通往金庫。老一代的企業家為了要訓練第二代，故意讓他刻苦度日，除了公司薪水之外，什麼都沒有。二代在老爸的公司上班，還要從基層做起，一分錢也沒多。太太當然不可囂張，且無薪。買菜錢很夠，但買魚一斤多少錢？婆婆偶爾也要問的。不會持家媳婦，會被

貼上敗家標籤。登記在先生名下的財產其實已經滿多，問題在於：都不能自由動用。當然，你也別同情小慧，她可能會熬出頭，總有一天可支配所得源源如泉流。「可支配所得」指的是：你的總所得，扣掉林林總總費用（貸款、保費、各種稅金、交通罰款、房租、水電費等……），你還剩多少可以養自己？

一個人活著的幸福感、安全感和可支配所得絕對相關。偏偏很多人還真沒算到「可支配所得」的減低。比如歡喜存夠錢買了車，卻沒有想到養車之後可支配所得會變少。薪水 5 萬，房租付 1 萬 5 千元，養車付 1 萬 5 千元……請問你還有多少錢養自己？

可支配所得不夠支付生活所需，日子必然過得愁眉苦臉。

就算是為了未來著想，也別讓可支配所得捉襟見肘。我看過 30 歲男性上班族月入 4 萬，貸款 5 萬；也看過大學剛畢業的女孩月薪 3 萬，每月繳 1 萬元付同學介紹的投資型保單，一簽 20 年；還有一個家庭年收入百萬，但是一家四口保險費付了 40 萬。未來未必保到，現在就為錢慌忙。在做任何理財決定都不能草率，請先算算你留給自己的錢夠生活嗎？影響時間越長的決定越需謹慎，別把現在的自己活成未來的奴隸。

就算你本性節儉，也一定要保留充分的可支配所

得，別讓自己感覺到人生苦澀，沒有生活品質，日日為錢所困。為錢所困有一個問題，那就是你會急著賺小利以求溫飽，沒充足時間也沒餘錢投資自己或享受生活樂趣。你，是自己最重要的生產工具，你得好好照顧自己，你的可支配所得是你活下去的能源。在做任何金錢決定（包括借錢給別人）前，都要顧及自己的可支配所得，那是與你生活的安全感最相關的東西。▋

CH **3**

投資

09

客戶的遊艇在哪裡？

一個和金錢有關的故事

　　從前有一個有錢的農夫，他想要投資股票賺錢，於是就到了華爾街這個金融聖地，尋找投資專家來幫他賺錢。看到農夫是有錢的大地主，投資公司便很熱情地招待他，帶著農夫到碼頭參觀公司經理人的豪華遊艇，順便載著他出海，欣賞海洋美景，一邊談生意、一邊愉快地享受美食。

　　等到夕陽西下，才慢慢駕船回到碼頭，基金公司的員工還指著旁邊幾艘遊艇，炫耀說都是屬於他們公司經理人跟老闆的，表示他們的公司真的很賺錢。可是大地主望著塞滿碼頭的遊艇，沉思了一會

兒，便問了一句話：「Where Are the Customers' Yachts?（你們客戶的遊艇在哪裡呢？）」因為他只看到公司經理人的遊艇，卻沒有看見客戶的遊艇。基金公司的員工突然愣住了，一下子講不出話來。

📧 投資基金的優點與缺點

什麼是基金公司呢？就是集合投資人的資金，交由專業的經理人集中管理與投資，可以說是「有錢出錢、有力出力」。

優點 1 節省研究與管理時間：一般人往往工作、家庭兩頭燒，根本沒有時間研究投資，萬一在一知半解的情況下隨便投資，下場可能是賠錢收場。所以最簡單的方法就是付費請基金公司幫忙投資。

優點 2 投資商品範圍更廣：基金包含有各國股

票、債券、原物料、房地產等商品,投資人可以接觸到範圍更廣的商品。

缺點❶ 投資人的掌控度低:購買基金就是把錢交給別人管理,也就無法掌控投資的方向與進度,買賣什麼股票全由基金經理人決定,投資人無法出意見。

缺點❷ 交易成本較高:必須要付出額外的申購費、經理費、保管費等費用給基金公司,投資人付出的成本變多,也就會降低投資的報酬率。

缺點❸ 經理人的操守:部分基金經理人操守不佳,例如先利用人頭帳戶買進股票後,再透過由他決策下單的基金來拉抬股價,然後將他的股票倒貨給基金,最後導致投資人的虧損,投資人難以預先知道和防範。

基金公司最主要的收入來源,就是投資人繳交的費用,有時候費率會高達每年 2%。例如農夫拿了 100 萬美金給基金公司投資,公司每年就會從裡面扣掉 2%,也就是 2 萬美金的費用。最理想的情況是一年過去了,基金公司幫農夫的 100 萬賺到了 10 萬元,農夫支付基金公司 2 萬元的費用之後,還賺了 8 萬元,這就是有錢出錢(農夫)、有力出力(基金公司),皆大歡喜啊。

但是如果沒有幫農夫賺到錢呢?基金公司一樣要付員工薪水,還是會從農夫的 100 萬元裡面收取 2 萬元的費用,農夫的錢就變少了。例如把農夫的 100 萬元賠了

10 萬元，農夫一樣要繳交 2 萬元的費用給基金公司，他的 100 萬就只剩下 88 萬了。

從上面的說明可以看出，不管基金公司是幫客戶賺錢或賠錢，都一定會跟客戶收取費用。也就是說，只要基金公司的客戶越來越多，公司賺到的錢也會越來越多，他們是穩賺不賠的，難怪碼頭裡面都是基金公司的遊艇。

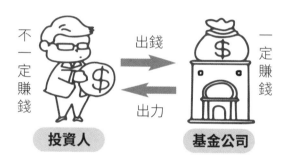

股市實例解析

下面以國內規模最大的兩檔 ETF（指數股票型基金）：0050（元大台灣卓越 50 基金）、0056（元大台灣高股息基金）來舉例說明。2022 年因為俄烏戰爭引發全球通膨，美國聯準會鷹派升息導致股市波動極大，0050 跟 0056 的投資人紛紛賠錢，一年內 0050 投資人賠了 18.55％，0056 則是賠了 14.57％。

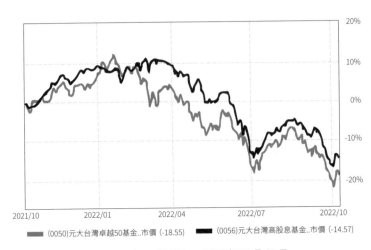

資料來源：MoneyDJ，2021 年 10 月 07 日～ 2022 年 10 月 07 日。

下表列出 0050 跟 0056 的規模跟總費用率，就算股票紛紛賠錢，但是 0050 跟 0056 投資人一年內也要付出 21.85 億元的總費用，發行的元大投信可以說是穩賺不賠。

基金名稱	規模 (億)	總管理費用率 (%)	總管利費 (億)
0050	2,231.94	0.46	10.27
0056	1,565.22	0.74	11.58
合計	3,797.16		21.85

資料來源：MoneyDJ，2022/10/04

以上只是拿股市不好的 2022 年為例，說明投資人賠錢仍然要繳費用給基金公司的概念，如果把時間拉長到 10 年以上，0050、0056 投資人一樣是有賺錢的，符合前面講的「投資人出錢、基金公司出力」的概念。所以在買進基金之前，一定要關心基金以前的績效，特別是長期的績效表現。

　　從這裡可以看出基金公司才是穩賺不賠的，因為他就是收取手續費的莊家，那麼我們可以投資莊家嗎？下表列出發行 0050、0056 的元大金控（2885），過去幾年的績效表現，順便拿它來說明一些投資的觀念。

元大金 (2885)						
股利 發放年度	股利（元）			股利 所屬年度	EPS （元）	盈餘分配率 (%)
	現金	股票	合計			
2022	1.5	0.3	1.8	2021	2.87	62.7
2021	1.2	0	1.2	2020	1.99	60.3
2020	0.65	0.4	1.05	2019	1.75	60
2019	0.9	0	0.9	2018	1.59	56.6
2018	0.56	0	0.56	2017	1.37	40.6
2017	0.45	0	0.45	2016	1.16	38.6

1 股利發放年度： 2021 年每股盈餘（EPS）2.87 元，在 2022 年發放 1.8 元股利（現金 1.5 元、股票 0.3 元）。請記住，公司今年發放的股利，是去年的獲利。

2 盈餘分配率： 元大金在 2021 年賺進 2.87 元，然後配發 1.8 元股利給股東，盈餘分配率＝ 1.8 ／ 2.87 ＝ 62.7%。企業通常要保留一些盈餘，用在來年擴充業務之用，所以不會把獲利全部發放，盈餘分配率通常會低於 100%。

由於元大金過去幾年併購大眾銀跟發展人壽業務，所以需要保留盈餘導致分配率較低。但是隨著業務逐漸上軌道，公司不需要再保留那麼多的盈餘，盈餘分配率就逐年增加，股東也可以拿到更多的股利。

3 每股盈餘（EPS）： 從 2017 年起 EPS 穩定上升，說明公司過去保留部分盈餘來進行投資，也確實有賺更多的錢進來，這就是一個好現象。投資的首選是獲利持續成長的公司，好比你希望薪水也是逐年增加。

4 股利增加： 元大金的股利逐年增加，說明過去幾年的布局逐漸開花結果，所以可以拿出更多的股利來跟股東分享。

元大金（2885）是台灣的證券業龍頭公司，在 2018 年與大眾銀行合併之後，同時擁有「證券」與「銀行」雙獲利引擎。從 EPS、盈餘分配率、股利節

節上升的情況看來，公司確實是往好的地方發展。然而 2022 年因為俄烏戰爭引發全球通膨，美國升息因應又導致外資撤離台灣，股市成交量下滑使得元大的證券業務獲利衰退，幸好央行升息有助於元大的銀行業務獲利，可以稍作彌補。

2022 年前 3 季元大金的 EPS 為 1.57 元，較 2021 年同期衰退，也導致股價下滑。在下一個單元，我們將以元大金作為模型，討論股票的配股、配息、填權息與獲利之間的關係。

10

什麼樣的股票才可能填權息？

投資股票的目的就是靠好公司幫忙賺錢，然後從中賺到「股利」跟「價差」。不過投資也並非穩賺不賠，究竟是領股利好？還是賺價差比較好？

1 股利：公司在賺錢之後會將部分的獲利回饋股東，就稱為股利。但是股利並非越多越好，因為公司也需要資金來持續擴展業務，如果將全部獲利都分配出來，通常也是在暗示未來業績沒有成長的空間。

股市實例解析

看一下中華電信（2412）的過去表現，幾乎都將賺到的錢發放出來（盈餘分配率100%）。雖然股利配

得大方，但是公司的獲利（EPS）也沒有成長，股價一樣缺乏成長的動能。

中華電信 (2412)				
獲利年度	股利 （元）	EPS （元）	盈餘分配率 (%)	年均股價 （元）
2021	4.61	4.61	100.0	113
2020	4.31	4.31	100.0	109
2019	4.23	4.23	100.0	110
2018	4.48	4.58	97.8	109
2017	4.8	5.01	95.8	104

2 **價差：**其實股利的來源是公司的獲利，所以重點還是挑選獲利成長的公司，才能夠賺到價差。

股市實例解析

下表可以看出台積電發放股利很小氣，像是 2021 年賺了 23.01 元，卻只有配發 11 元股利。因為半導體是高度競爭的產業，台積電必須要保留許多盈餘，來研發高階技術、加蓋廠房與增聘員工，所以無法對股東大方。但是可以看出公司的 EPS 不斷成長，連帶也帶動股價一路上漲，投資人就可以賺到價差。

台積電 (2330)				
獲利年度	股利（元）	EPS（元）	盈餘分配率（%）	年均股價（元）
2021	11	23.01	47.8	598
2020	10	19.97	50.1	379
2019	9.5	13.32	71.3	262
2018	8	13.54	59.1	237
2017	8	13.23	60.5	210

　　台積電跟中華電信都是國內的企業龍頭，但是中華電信的業務受困於台灣島，所以獲利無法成長，因此公司也沒有保留盈餘的必要，便盡量將獲利都回饋給股東。但是台積電卻可以把晶片賣到全世界，所以必須要保留獲利來發展業務，才能夠賺進更多的錢。

　　在此要提醒你一下，不要看到股利很多，盈餘分配率很高就去買股票，而是要挑選獲利不斷成長的企業，才可以同時賺到股利跟價差。從台積電的例子可以看出，價差的報酬遠勝過股利。其實投資人在領到股利之後，必須要繳交所得稅跟健保補充保費，但是賺到的價差卻不用繳稅。所以股神巴菲特的波克夏公司，歷年來都不發放股利，而是把公司的獲利拿去賺更多的錢，股價從 1982 年的 1 股 600 美金，一路往上漲到 2022 年中的 50 萬美金，股神就靠著價差成為全球鉅富。

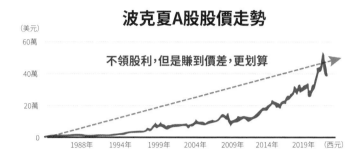

波克夏A股股價走勢

（美元）

不領股利，但是賺到價差，更划算

60萬

40萬

20萬

0

1988年　1994年　1999年　2004年　2009年　2014年　2019年　（西元）

▣ 股利的迷思

公司在發放股利時，可分成現金跟股票兩種：

1 現金股利：發放現金，又稱為股息。例如 1 股發放 5 元現金股利，一張股票是 1,000 股，就可以拿到 5 千元現金。

2 股票股利：配發股票，例如 1 股發放 0.5 元股票股利，一張股票就是發放 1,000×0.5 ＝ 500 元，但是 1 股的面額是 10 元，所以是配發 500 ／ 10 ＝ 50 股。當公司想要保留現金就會發放股票，因為印股票不需要成本。投資人拿股票之後可以在市場上賣出，便能拿到現金。

3 股本變化：配發 0.5 元股票後，投資人手中的一張股票會變成 1,050 股，增加了 5％，同樣的公司的股本也會膨脹 5％。如果往後公司的獲利沒有跟著增加 5％，EPS 就會被稀釋並會造成股價下跌。

例如 A 公司的股本為 100 億，一年獲利 10 億，每股盈餘（EPS）為 1 元。但是配發 0.5 元股票後導致股本變成 105 億元，如果獲利依然維持在 10 億元，EPS 就會被稀釋成 0.952 元；公司獲利必須要成長到 10.5 億元，才能維持 1 元的 EPS。所以在發放股票股利之後，要注意公司的獲利能否持續成長。

股本 (億)	100	105
獲利 (億)	10	10
EPS (元)	1	0.952

存股票雖然跟定存一樣可以領到錢，但是股票的股利跟定存的利息，還是有很大的不同喔。最大的差別在於定存是穩賺，例如你存了 100 元，定存利率為 1％，一年後你的總金額會變成 100 ＋ 1 ＝ 101 元，一定會增加。但是股利有「除息」跟「除權」的計算方法，除了不一定穩賺、甚至還有可能賠錢。

1 除息：將股息從股價中扣除。假設 A 股票股價 100 元，配發 5 元現金股利。

1. **除息參考價：**就是 100 － 5 ＝ 95 元，儘管投資人拿到 5 元現金，但是總價值為 95 ＋ 5 ＝ 100，一樣沒有增加。

2. **貼息**：如果除息後股價下跌到 90 元，低於 95 元
的參考價便稱為「貼息」。此時你的總價值變成
90（股價）＋ 5（股息）＝ 95 元，你已經賠錢。

3. **填息**：當股價漲回除息前的 100 元，就稱為「填
息」。總價值變成 100 ＋ 5 ＝ 105 元，表示有賺
到 5 元的股息。

2 除權：配發股票。假設 B 股票股價 21 元，配發
0.5 元股票股利（1 股配發 0.05 股）。

1. **除權參考價**：就是 21 ／（1 ＋ 0.05）＝ 20 元。
儘管你的 1 股變成 1.05 股，但是總價值依然是
20×1.05 ＝ 21 元，並沒有增加。

2. **貼權**：當股價跌到 19 元，低於參考價的 20 元
便稱為「貼權」。此時的總價值＝ 19×1.05 ＝
19.95，已經賠錢。

3. **填權**：當股價漲回除權前的 21 元，就稱為「填
權」。此時的總價值＝ 21×1.05 ＝ 22.05 元，
賺了 1.05 元。

什麼樣的股票容易填權息

從上面的說明可以看出，除息、除權後參考價的計
算原理是「總價值相同」，你不會因為拿到現金股利或
是配股，而讓總價值增加，而且還有可能會賠錢喔！所

以股利多少其實不重要，重要的是要能夠填權息。那麼，怎樣的股票才能夠填權息？其實沒有一檔股票可以保證填權息，因為填權息代表穩賺，投資股票沒有「穩賺」這兩個字。

　　投資最重要的還是觀念，仔細想想看，如果有一間店面可以每年調漲租金，你是不是願意用更高的價格來買入？同樣地，如果一家公司的獲利穩定增加，股價是不是也會上漲呢？上漲就會增加填權息的機會。

股市實例解析

　　來看一下元大金（2885）的股價走勢。

2021年獲利成長、股價大漲，使得過去年度都有填權息
2022年獲利衰退，領到股利卻沒有填權息

元大金(2885)

2021 年因為股市熱絡，成交量大增讓元大證券獲利豐厚，該年 EPS 高達 2.87 元，較 2020 年的 1.99 元成長了 44.22％，股價最高來到 27.8 元。也就是說，就算過去 10 年都買在最高股價，到了 2021 年一樣有填權息。

元大金 (2885)											
年度	2021	2020	2019	2018	2017	2016	2015	2014	2013	2012	2011
最高股價（元）	27.8	20.75	20.45	16.4	14.15	12.2	18.4	17.9	18	17.95	24.05

可惜好景不常，2022 年因為國際動盪，導致台灣股市成交量銳減，元大金 2022 年前 11 月 EPS 僅剩下 1.66 元，全年獲利肯定較 2021 年衰退。因此 2022 年股價往下走，也就沒有填權息了。由此可見，獲利成長還是衰退，才是決定填權息的重要指標。不過填權息也不要只看一年，而是要看長期發展，元大金是國內證券業龍頭，加上銀行、人壽的布局完整，2022 年獲利衰退也是大環境使然，並非公司治理績效不佳。只要往後國際局勢好轉，公司獲利上升，2022 年發放的股利依然有機會填權息。

11

投資 ETF，你買對了嗎？

　　前面提到購買基金會有經理人操守的風險，那麼要如何防弊呢？最簡單的方法就是不要讓經理人做決定，例如基金要買哪些股票、每一支股票占多少比重，這些都事先規定好，經理人只能照著規定來操作，他就沒有「歪哥」的空間了！現在很盛行的 ETF 就是遵照這個邏輯，ETF 的全名是：「指數股票型基金」，簡單來說就是可以當作股票買賣的基金。

ETF ＝ **指數** ＋ **股票型** ＋ **基金**

追蹤某　　可在股票　　投信公司
一指數　　交易所買賣　發行管理

1 指數：就是 ETF 的投資策略，規定要買進哪幾支股票，每一支股票是占多少比重的權重。指數就是 ETF 的 DNA，會決定往後的報酬率。

2 分散投資：一檔 ETF 通常包含數十支的成分股，可以分散單一股票的風險。

3 汰弱換強：ETF 會定期汰換成分股，剔除不好的公司，然後納入更好的。

4 證交稅較低：一般股票賣出時要繳交 0.3％的證交稅，ETF 則是 0.1％，作價差的成本較低。

5 防禦性強：除非幾十支成分股同時倒閉，不然 ETF 不可能變成壁紙。

➡ 目前市面上的 ETF 可不只一種

1 原型：持有跟追蹤指數相同的成分股，因為有領到成分股的股利，投資國內股票的 ETF 通常會配息，但是投資國外的則不一定。

2 槓桿型：具備以小搏大，可以把報酬加倍奉還，ETF 的名稱中有「正向 2 倍報酬」，股票代號最後一字為「L」，例如富邦台灣加權正 2（00675L）。

3 反向型：報酬率與追蹤的指數相反，名稱中有「反向 1 倍報酬」，股票代號最後一字為「R」，例如元大台灣 50 反 1（00632R）。

要注意槓桿跟反向型 ETF 都是持有期貨，所以不
會發放股利，因為期貨有相當的風險，所以也不建議長
期投資，並且要做好：停利、停損、不要賭身家。

➡ 台灣 50 指數 ETF 之比較

是台灣 ETF 指數的祖師爺，由證交所跟富時公司
共同編製，成分股涵蓋台灣市值前 50 大的公司，並由
公司的市值來決定權重。由於囊括市值前 50 大企業，
所以幾乎是跟股市大盤連動。目前台灣有兩檔 ETF 是
追蹤台灣 50 指數，就是元大投信的 0050（元大台灣
50），與富邦投信的 006208（富邦台 50）。由於是追
蹤相同的指數，所以 0050 跟 006208 買進的成分股也
都相同，算是同卵雙胞胎。

0050 跟 006208 是同卵雙胞胎				
ETF 名稱	追蹤指數	經理費（年）	保管費（年）	股價（2022/10/07）
富邦台 50（006208）	台灣50 指數	0.15%	0.035%	60.95
元大台灣 50（0050）		0.32%		106.2

既然 0050 跟 006208 是雙胞胎，那麼要如何選擇

呢？先來思考一個問題，當你想要買可口可樂時，如果前面剛好有統一超商跟家樂福，你應該會選擇家樂福吧！因為買到的可樂都一樣，但是家樂福比較便宜。

0050 跟 006208 都是追蹤台灣 50 指數（可樂成分一樣），但是 006208 的經理費卻相對便宜（家樂福），所以我會挑選 006208 啊！例如同樣是投資 1 千萬元，0050 買進一年要被扣掉 3.2 萬的經理費，但是 006208 則只有 1.5 萬，少扣的 1.7 萬元就可以增加報酬率。看看下表的比較，3 年期間 006208 的報酬率微幅勝過 0050，就是因為內扣的費用較少。

ETF	累積報酬率
006208	36.82%
0050	35.79%

資料來源：MoneyDJ
資料日期：2019/10/08~2022/10/07

接著來看一下 0050 的前 10 大成分股，要記住 ETF 就是持有一籃子的股票，所以成分股的組成跟表現（特別是前幾大），會影響到 ETF 的未來績效。由於台積電（2330）是台灣市值最大的公司，所以 0050 裡面有 45.67％是台積電，不可避免是「成也台積、敗也台積」。

0050 前 10 大成分股 (2022/10/07)					
代號	公司	權重 (%)	代號	公司	權重 (%)
2330	台積電	45.67	2412	中華電信	1.82
2317	鴻海	5.57	1303	南亞	1.64
2454	聯發科	3.66	2881	富邦金	1.62
2308	台達電	2.58	2891	中信金	1.61
2303	聯電	1.93	2886	兆豐金	1.5

　　由於台灣 50 指數是挑選「市值最大」，但並非最賺錢跟股利最多的企業，所以股利的金額與殖利率並不會太迷人。富邦台 50（006208）自 2017 年起改成半年配息（7、11 月），從下表可以看出股利金額並不多。但是仔細觀察除息參考價，卻是有上漲的趨勢，也就是以賺價差為主。

　　006208 的投資重點是在股災時用力加碼，因為成分股為台灣市值最大的 50 家，不可能同時倒閉變成壁紙。所以只要買進後耐心持有，隨著股災結束經濟反轉，大盤上漲後便能賺進價差。

006208 配息紀錄				
年度	除息日	除息參考價（元）	現金股利（元）	股利合計（元）
2022	11/16	64.75	1.03	2.28
	07/18	65.55	1.25	
2021	11/16	79.25	1.64	1.95
	07/16	80.95	0.31	
2020	11/17	63.35	1.14	1.62
	07/21	55	0.48	
2019	11/20	51.95	1.14	1.8
	07/18	46.74	0.66	
2018	11/29	42.61	2	2.65
	07/26	48.43	0.65	
2017	11/30	47.48	1.65	2.65
	07/27	47.6	1	

▣ 高股息 ETF

0050、006208 是以賺價差為主，股利並不會太迷人。對於想要安穩領股利的退休人士來說，股利較多、殖利率較高的高股息 ETF，會是更適當的選擇。以下拿市值第一名的元大高股息（0056），與第二名的國泰

永續高股息（00878）來說明（統計至 2022 年 10 月 7 日）。可以看出兩者是追蹤不同的指數，而且 00878 的經理費較便宜。

0056 與 00878 是追蹤不同指數				
ETF 名稱	追蹤指數	經理費（年）	保管費（年）	股價（2022/10/07）
元大高股息（0056）	台灣高股息指數	0.30%	0.035%	26.28
國泰永續高股息（00878）	MSCI 台灣 ESG 永續高股息精選 30 指數	0.25%	0.035%	16.07

元大高股息（0056）

在 2007 年底成立，是台灣首檔專注於高股息的 ETF。

1 指數：追蹤「台灣高股息指數」績效表現。

2 成分股：由台灣市值前 150 檔股票中，挑選未來一年「預測現金股利殖利率最高的 50 檔」股票作為成分股。

3 權重：採用殖利率來決定成分股的權重。

元大高股息（0056）目前為年配息，固定在每年 10 月底除息，最近幾年配息紀錄如下：

元大高股息 (0056) 配息紀錄 (統計到：2022/10/07)						
年度	2022	2021	2020	2019	2018	2017
股利 (元)	2.1	1.8	1.6	1.8	1.45	0.95
年均股價 (元)	30.7	33.2	28.5	26.9	25.8	25.2
年均殖利率 (%)	6.84	5.42	5.61	6.69	5.62	3.77

📭 國泰永續高股息（00878）

00878 於 2020 年 7 月成立，同時結合「ESG」與「高股息」兩大特點，持有 30 檔成分股，但是 00878 採用季配息，在每年 2、5、8、11 月除息。00878 成分股是以 MSCI 台灣指數為基本選樣範圍，並採用特有的「股利分數」來決定成分股和權重，這是與 0056 最大的不同之處。

股利分數＝近 12 個月年化股息殖利率 ×0.25 ＋近 3 年平均年化股息殖利率 ×0.75。

簡單來說，就是用「最近一年與最近 3 年」的殖利率來決定成分股和權重，挑選現在跟過去表現優良的股票，下表列出 00878 過去的配息紀錄。

國泰永續高股息 (00878) (統計到：2022/10/07)								
年度	2022				2021			2020
除息日	11/16	08/16	05/18	02/22	11/16	08/17	05/18	02/25	11/17
股利 (元)	0.28	0.28	0.32	0.3	0.28	0.3	0.25	0.15	0.05

除了剛上市的 2020 年 11 月配息金額較少之外，每季都穩定的發放約 0.3 元現金股利。季配息的好處是一年領 4 次息，資金比較好運用。接著利用兩檔 ETF 報酬走勢，說明挑選高股息 ETF 的方法。

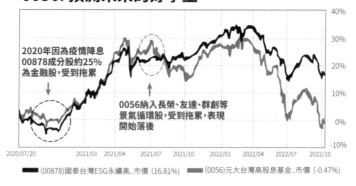

00878:挑選現在跟過去的好學生
0056: 預測未來的好學生

取自：MoneyDJ，資料時間：2020 年 7 月 20 日～ 2022 年 10 月 7 日。

✍ 00878 與 0056 之比較

1 金融股：根據 2022/10/07 資料，00878 持有 25.47％金融股，0056 則沒有金融股。所以 00878 受金融股表現影響較大，2020 年因為疫情導致降息，影響到金融股的獲利，使得 00878 報酬率落後。

2 景氣循環股：0056 採用「預測未來一年高殖利率」選股，容易選到景氣循環股，這是先天上的缺點。2021 年 6 月底納入長榮、友達、群創……等，可惜都買在高點，往後也都領到股利卻賠上價差，反而拖累 0056 的報酬率。

究竟是 0056 比較好，還是 00878 比較好？我常常用一個故事來比喻。有一所學校要挑選 30 位學生，參加全國科學競賽，要如何挑選：

要素 1 預測未來：由全校老師一起預測，挑出可能考出好成績的 30 名學生，這是 0056 的方法。

要素 2 過去表現：統計最近一次與最近 3 次段考成績，挑出成績最好的前 30 名學生，這是 00878 的方法。

那麼是預測未來比較好，還是看過去表現比較好？當你困惑時就要回到原點，投資高股息 ETF 的原點，就是希望「安穩」的領股利，所以成分股能夠有穩定的

表現還是比較好的。預測法則是先天存在一個不可預知的風險，可能準、也可能不準，也就產生了一個不穩定性，所以能夠避免當然是最好。

我想也正因為如此，00878 上市的兩年多來，報酬率能夠勝過 0056 達到 17.28％。從上面的討論可以看出，ETF 的報酬表現只跟成分股有關，所以還是要詳細了解指數選擇成分股的方法，才能得到較佳的報酬。

投資股票是跟自己的戰爭

　　投資股票其實是「知易行難」，「易」的就是持續買進大型績優龍頭股，像是台積電、台泥、台塑、國泰、富邦、中華電信……等，靠著一籃子好公司來幫你賺錢。但是人心是肉做的，情緒往往會左右最後的投資結果。明明知道要買低賣高，在低點時卻因為恐慌而低價殺出，高點時偏偏又因為貪婪而高價搶進，最後變成「高進低出」，當然是輸多贏少了。

　　在充滿不確定性的股市中，股神巴菲特覺得 EQ 比 IQ 還要重要。**「理財 EQ」指的是投資人承擔風險與應付變動的能力**，最主要的還是要能夠控制自己的情緒，因為許多人往往是靠情緒來做決策，導致投資股票時患得患失，反而無法理性的思考。

📧 投資人的不理性行為

1 高價搶著買，低價卻拚命賣：經濟學上的理性行為應該是：價格上升，需求減少；價格下跌，需求增加。當百貨公司舉辦周年慶的特價活動時，總是擠滿了搶便宜的人潮。但是在股市中卻往往是另一番風景，當市場上升時，投資人因為樂觀而高價搶進股票；而在股市下挫時，卻又因為悲觀而低價出脫。

股票是唯一在打折時，投資人卻更不開心的商品啊，原因在於大家將股票當成了賭博的工具。其實股票就是公司的一小部分，應該要專注在本業的獲利上面，趁便宜時買進好公司股票，才是最理性的做法。

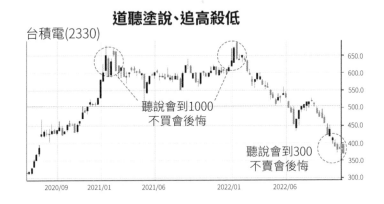

道聽塗說、追高殺低

台積電(2330)

聽說會到1000
不買會後悔

聽說會到300
不賣會後悔

2 明知銀行利息低，錢卻長期放銀行：人類是由動物演化而來，「趨吉避凶」已經刻劃在老祖宗的 DNA

裡面，恐懼成為影響人類行為的一個重大因素。然而現代的經濟運作，已經跟遠古的求生存有很大不同，因為擔心投資失利而將錢存在銀行，長期下來反而會受到通膨的傷害。

請問一下，你因為怕銀行倒閉而不敢買第一金（2892）的股票，卻把錢存在第一銀行中，這種行為理性嗎？時間是決定資產累積的最大推手，如果長期投資的平均報酬率高過銀行定存，還是值得冒一下風險的。

③ 把雞蛋放在同一個籃子裡，忘記分散風險：俗話說「團結力量大」，所以有些投資人喜歡 ALL IN 在一檔股票上面，因為覺得分散力量就賺不到大錢，而且在發現選錯時就立刻換股，不斷地進進出出也增加了手續費跟證交稅的成本。而且股市中永遠有不可預測的因素，就算是公司的經營階層也很難事先預見，更何況是一般的散戶投資人呢？

投資股票應該比的是「誰的犯錯少」，如果沒有做好分散投資，總有一天你會將全部的錢，砸在一家讓你心碎的公司上面，再回頭已百年身。分散是投資股票的基本動作，最簡單的方法就是買進原型的 ETF，例如 0050 跟 006208 就同時持有台灣市值最大的 50 家企業。

④ 不願意長期持有，拚命短線進出：頻繁進進出出做短線的投資人，特別是喜歡當沖的，特點就是把自

己當作神，總以為幸運之神會站在自己的身旁，其實理性的想一想，如果這麼幸運的話你應該是台灣首富了。

而且在習慣了短線作價差之後，你更沒有耐心做長期投資了。股神巴菲特說過：「如果你不想持有一檔股票 10 年，那麼連 10 分鐘都不要持有。」長期持有好公司，靠時間的複利效果來幫你創造財富，才是王道。

5 明知明牌不可信，卻又到處問明牌：如果你知道明天的考試題目，你會跟同學說嗎？如果你知道下一期大樂透的開獎號碼，你會講出去跟陌生人分享嗎？只要是理性的人，應該都曉得如何選擇吧。偏偏在投資股票上面，很多人因為懶得自己做研究，更因為貪心就到處問明牌，但是你有仔細想過嗎，如果老師知道哪一支股票會大漲，幹嘛要告訴你呢？

很多人就算僥倖問到了明牌，可是也不一定會開心喔。上漲的時候開始煩惱要不要獲利了結，下跌的時候又焦急著要不要停損？原因在於自己沒有判斷的能力。到處問明牌其實就是盲人騎瞎馬，為何不努力增加自己的知識跟判斷能力呢？而且現在的網路詐騙很多，明牌就是引誘你上鉤的誘餌，千萬不要上當啊。

6 時時守著手機看盤：現在資訊技術發達，一支手機就可以隨時盯盤，可是就算你一直盯著，股價就會上漲嗎？一直盯盤往往會「關心則亂」，最後就誤導你

做出錯誤的判斷，事後再來懊悔不已。

為什麼喜歡盯盤？就是想要在短時間內知道結果，也就是將投資當成了賭博。不斷地盯盤會對你形成精神上的壓力，讓你無法專注在工作跟課業上面，長期下來絕對是有害無益。提醒你，股價受到許多因素的影響，而且是隨機發生的，所以盯盤其實沒有多大的幫助。還不如把時間拿來好好工作跟讀書，思考長期的投資布局。投資的重點是有錢更要「有閒」，馬上戒掉盯盤的壞習慣，把時間用來學習跟思考吧。

7 股價有漲有跌，卻為了漲跌而煩惱：《三國演義》中有一句名言：「天下大勢，合久必分，分久必合。」放在股市中就是「股票走勢，漲多必跌，跌深必漲。」所以不需要為了一時的波動而傷心難過。股價就是買賣雙方在拔河，有人因為不看好而賣出，但也要有人看好來買進才會成交，而當買賣雙方看法差異很大時，股價就會產生大幅的波動。

但是隨著經濟的不斷發展與成長，好公司的獲利跟股利也會越來越多，對長期投資人來講是一齣喜劇；短線則容易因為意外、股災等因素下跌，有可能是一齣悲劇。投資的重點還是挑出好公司來長相廝守，不需要為了一時的漲跌而牽腸掛肚，以免白傷心一場。

✉ 投資人最大的明牌就是自己

　　投資股票往往是跟自己的戰爭，最大明牌是自己，當你面臨重大波動而無法做決策時，找一個夜深人靜的晚上，站在鏡子前面仔細觀察，如果你發現鏡中人恐慌到極點時，就應該逆向買進股票，而當鏡中人樂觀到極點時，也要逆向賣出股票，你才是自己最大的敵人。

　　想要進入投資領域之前，不一定要急著去學習分析技巧，更不要到處打聽明牌，而是要先了解當股市大幅波動時，自己的情緒會如何反應，然後先學習如何管理自己的情緒。在股市中，影響決策的情緒主要有下列 3 種。

　　1 恐懼：恐懼是人的本能，目的是幫助你趨吉避凶，但是當恐懼淹沒理智時，也往往會造成災難。恐懼如何破壞你的投資計畫呢？最主要的原因是一般人都把錢看得很重，太過在乎得失。例如投入 200 萬資金，在碰到大跌後帳面上損失了 10％，你就會開始煩惱自己辛苦工作一個月也不過賺 5 萬元，在股市一下子就損失了 4 個月薪水，然後開始恐慌往後會不會繼續損失半年、一年的薪水，最後在你最恐慌的時候認賠出清所有的股票，然後股市卻悄悄的開始反彈。

　　2020 年肺炎疫情肆虐，美國道瓊指數多次熔斷，台灣加權指數從 1 月的 1.2 萬高點，3 個月內迅速滑落

到 8,500 點,短線跌幅將近 3 成,不少投資人有如驚弓之鳥,紛紛賣在最低點。但是後續全球股市開始反彈,也迎來了倍數的漲幅。

　恐懼會淹沒投資人的理智判斷,就算明知道手上持有的都是好股票,大不了長期放著領股利,也可以打敗通膨跟定存。偏偏在股災時,許多人的行為往往被恐懼接管,再也無法理智思考,只想逃離恐懼的你反而喪失了更多的機會。所以,在學習投資之前,請先學習打敗自己內心的恐懼,你要相信自己買進的是好公司,要相信經濟會不斷往上成長,這樣就能夠打敗恐懼。

台灣加權指數(#001)

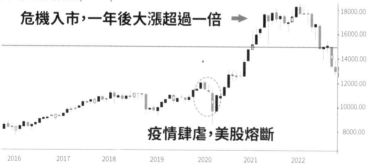

　2 貪婪:投資股票無非是想要從中獲利,然後讓自己財務自由,但是你要知道投資股票並不是賭博,所以沒有暴利跟速成。2021 年台股創下大漲近 24%的亮眼成績,全年成交量放大至 95 兆元,較上一年度大增

將近 95％，其中有超過 41％ 是當沖客貢獻的。

　　當時不少的年輕人幻想自己是航海王、鋼鐵人，勇敢搶進當時最熱門的航運跟鋼鐵類股，想要藉由不用本錢的當沖來快速獲利，期許自己成為開除工作的少年股神。然而，2021 年當沖客總計賠掉了 453 億元，少年股神負債累累後從股市畢業，只好乖乖回去上班。

　　翻開陽明（2609）的股價走勢，貪婪的投資人用資金將股價送上 234.5 元的高點，然而隨著公司前景出現雜音，資金退潮下股價也一路往南走，高點進場的投資人無不損失慘重。

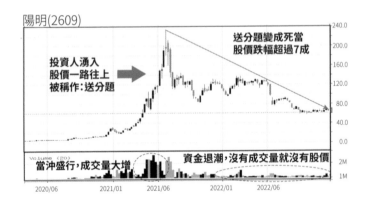

　　要知道投資的要點是「好公司」，好公司的特點是「獲利穩定」。看看陽明過去的獲利表現，長期處於虧損就可以看出產業競爭頗大，然而 2020 年因為疫情爆發引起鎖國、封港，後續解封之後船運需求大增，導致

短期的供不應求，公司獲利也扶搖直上。然而疫情過去後產業恐將回復往昔競爭大、獲利少的窘境，股價也開始溜滑梯。因此，在貪婪買進飆股之前，要先理性分析一下公司未來的成長性。

陽明 (2609)									
年度	2012	2013	2014	2015	2016	2017	2018	2019	2020	2021
EPS（元）	-0.63	-0.9	0.1	-2.24	-9.22	0.17	-2.53	-1.66	4.51	48.73

3 從眾：人是群居的動物，內心會尋求大眾的認同，特別是當你對股市感到憂慮跟不確定時，就非常需要別人的意見，來減輕你心中的憂慮。然而股市並非投票機，不是人多就一定會賺錢。從眾這個心理因素，對你的影響是這樣的：當你恐懼，發現大家都恐懼時，你會更加恐懼而用低價賣出手中的好股票；當你樂觀，發現大家都很樂觀時，你會用高價買進爛股票。從眾這個心態，只會不斷地讓你跟著大家「追高、殺低」。

況且現在網路發達，很容易尋求到一大堆人的意見，但是真的對你有幫助嗎，你不會被誤導嗎？有網友曾經說，他在買賣時都會先上討論區、論壇找資料，尋求大家的建議。但還是勸他把時間省下來，因為網路上充斥著假消息。

　　比如當甲想要買進某支股票時，甲一定會在討論區將它批得體無完膚，當大家恐慌而低價殺出時，甲才可以撿便宜；同樣地，當甲想要賣出股票時，甲也會把它講成「不買絕對是你的損失」，引導大家瘋狂買進，然後甲再來倒貨給你。喜歡從眾的你，反而會被誤導。

　　投資股票，內心會不斷受到「恐懼」跟「貪婪」的侵襲，加上「從眾」效應放大之後，投資往往成為不理性的行為。股市中常常看見群眾瘋狂情緒，帶動的暴漲、暴跌熱潮，而且一再地重演。大家都聽過股市的一句名言：「10 個人當中，只有 1 個人賺錢，其他 9 個人在賠錢。」既然是這樣，你為何要跟 9 個人一起動作呢？來複習一下股神巴菲特的名言：「當大家恐懼時，我要貪婪；當大家貪婪時，我要恐懼」。好好的學習理財 EQ，你就不會隨波逐流，更可以把群眾的情緒當成反指標，幫助你成為賺錢的那一個人。

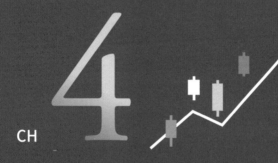

CH **4**

親子的投資課

13

培養小孩正確的金錢觀

小孩理財怎麼教？爸媽別緊張，針對這問題，可從兩種面向來分析：

一、爸媽應該自我檢討，孩子只是有樣學樣，你供應得太闊綽，他就無所欠缺，對錢沒感覺。

二、你太吝嗇，他也可能反向認同，你理財太差，他也未必跟你一樣。孩子未必是學父母的，也可能剛好相反。

我看過非常多白手起家的人，是因父母好賭無理財觀，害他小時候過得很苦，所以他才奮發圖強。但是有百分之八十的機率，父母還是有示範作用。不過，父母請記得，要使孩子不成為敗家子，還是父母要「自律」啊！

孩子大多都是以父母為榜樣，父母的金錢態度，對孩子金錢教育也會造成極大的影響。很多父母會跟孩子講：「錢的事情你不要管，好好讀書就好。」父母越是隱瞞跟錢有關的話題，孩子對金錢的觀念也就會越淡薄，就算將來孩子繼承再多的財產，也不曉得如何妥善的運用，最後恐怕會揮霍一空。

根據美國的統計資料，大概有 70 ％的樂透得主最後都落得破產的下場，因為多數的得主都是「普通人」，是的，你很少看到富豪會每期買樂透期待天下掉下來的禮物吧？許多人一輩子只曉得工作賺錢跟花錢，在得到鉅額獎金時往往不知所措，更不知道要如何管理與運用。對他們而言，只知道自己得到「很多錢」，然後開始享受花錢的樂趣，結果在短短 3 到 5 年內就破產，而且因為已經習慣花錢如流水，破產後也無法回歸往日的平凡生活。

由此可見，錢並非越多越好，而是要懂得妥善管理。我們應該都認同：錢要積沙成塔，過程是相當艱辛，而要敗光或騙光只是轉瞬之間的事情。金錢觀念應該越早建立越好，在孩子開始認識金錢之後，要先教導「需要」跟「想要」的不同，從中學習節約省錢，並漸漸灌輸「錢滾錢」跟「複利」的觀念，將手中的錢發揮出最大的效益。人的一生都需要錢，不外乎是「花錢、

賺錢、存錢」這三種關係。

父母是榜樣

1 花錢：可以學習到「交換」。要求孩子用自己的勞力換取零用錢，從中了解權利跟義務，明白錢不會從天上掉下來。如果讓孩子要什麼有什麼，這樣他就不會曉得如何正當的獲得金錢，也就無法建立正確的金錢觀。如果金錢得來太容易，孩子會把錢花在垃圾食物跟遊戲點數上，他並不在乎花錢會得到什麼「實質」的結果。久而久之，養成揮霍的習慣並不懂得珍惜。

2 賺錢：可以學習到「價值」。要讓孩子明白，上班工作就是透過勞力、腦力來獲得收入，如果將來想要多賺一點錢，就必須提升自己的價值，例如好好讀書，也具有「自我投資」的價值，當你練就一身本領或擁有某種核心技術和能力，就可以在相同的時間內，比別人賺到更多的收入。可以算給孩子看，一個月薪 20 萬的醫師跟 5 萬元的上班族，一輩子的薪水收入會差距 5 千萬元，相信孩子在讀書時會努力提升自己的價值。

如果醫師在本業外又懂得把賺來的錢善加投資，那可能就會變成 5 億、50 億……創新事業成功者，又比專業技術者有機會變成億萬富豪。

3 存錢：為了學習「投資」。如果只曉得把錢存起來，在花錢之前還要先看看有多少存款，錢不夠就無法購買，金錢成為你的主人了。存錢最主要的目的，是把錢當成我們的工具，幫我們去賺錢，讓你不再被工作綁住，不再為明日三餐困擾，可以自由支配自己的人生。

我看過很多家長因為忙於上班，就用金錢來彌補孩子，結果孩子把錢當成享樂的工具，最後就是不懂得珍惜。日常生活中其實有許多金錢的機會教育，例如讓孩子跑腿買東西，學習如何看價格跟比價，孩子才會知道要怎樣運用手邊有限的資源。在孩子吵著買東西時，不要給他立即的滿足，讓他想想「你真的需要」嗎？從中學習「想要還是需要」，能夠放棄想要就會學習到「對金錢的忍耐力」，願意付出時間來獲得長期的報酬，對將來的投資是很有幫助的。

吳淡如說

我就曾經努力對抗過「小孩吵就有糖吃」。小孩子

3 歲的時候，在玩具反斗城看到別的小孩躺在地上鬧，爸媽就範了，於是女兒小熊賊賊地也跟著依樣畫葫蘆。

但是我們進去之前就已經聲明今天是不買東西的，只是在吃飯之前剛好逛到那裡。小熊在那裡打算要耍賴的時候，爸爸就一把抱起她，把她一定要買的小汽車拿在手上，於是她的臉上就掛著微笑，不過，走到櫃檯時，爸爸把小汽車放在結帳的櫃檯上，很氣定神閒地告訴店員說：「不好意思，我們今天不能買東西，這個還你們！」

我那時候覺得這招還滿帥的，這一招夠狠，不要面子，但是訓練了孩子。小熊從小喜歡小汽車，可是她的小汽車也真的挺多了，最重要的是我們不允許小孩吵就有糖吃，所以我們的面子也不算什麼，那個店員莞爾一笑，3 歲的小熊的表情最好笑，真是一臉看到外星人的表情！

不過，光一次是沒有用的。像我們這種比較晚生小孩，因為生小孩的時候經濟能力不差，可能是因為大家都知道我生小孩真的很辛苦，旁邊的人都會跟著一起寵小孩。在小熊幼稚園時，我請了一個女司機來接送她，我一直跟那個女司機講如果去 7-ELEVEN，就只能買養樂多或是一些暫時止住飢餓的食物。沒想到這位女司機心裡可能想，對你而言幾百塊應該不是錢吧？第一次，

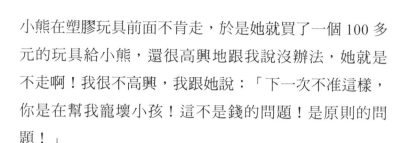

小熊在塑膠玩具前面不肯走，於是她就買了一個 100 多元的玩具給小熊，還很高興地跟我說沒辦法，她就是不走啊！我很不高興，我跟她說：「下一次不准這樣，你是在幫我寵壞小孩！這不是錢的問題！是原則的問題！」

沒想到過了兩個禮拜，她又再犯了，女司機說，今天花了 250 元買了一個塑膠汽車！因為小熊不肯走！我真的變臉了，我說我絕對不會付錢！如果你要買給她那就當你買給她的！這筆錢我不接受！

還有，如果再有第 3 次，就算你要付錢，那麼我請你直接領遣散費！寵壞我的小孩對你而言是一下子，對我而言是一輩子！從此，她再也不敢拿我的錢來寵壞我的孩子。

要樹立規則，有時候家長不要太在乎自己的面子，也不要怕跟周遭的人有任何不一樣的行為，孩子小時候，我婆婆來幫我帶過孩子，我們一起住過兩年，小孩第一次跌倒的時候，我婆婆就敲地板說「阿嬤幫你打地板」。我真的很「溫柔」出言喝止了（溫柔但是表情也很嚴肅）：「媽媽你想想，如果現在小孩自己跌倒怪地板，以後沒出息就會怪我們，所以不可以打地板，要跟她說下一次小心一點就好了，你抱她疼她都沒關係，就是不能怪地板，一個小動作會影響一個孩子的人生

觀！」

我婆婆挺明理的，雖然她帶過很多孩子，之前幾十年全部都這麼做，可是她一剎那之間就改過來，家裡一定要有人堅持！現在反而是小熊跟我說：「媽媽，你的衣服太多了，為什麼要買這麼多！不要這麼浪費好嗎！」讓我啞口無言。📊

📝 正直為基礎，建立良好的金錢教育

猶太人有一句諺語：「金錢能夠驅使一切」，跟我們常說的「有錢能使鬼推磨」有著異曲同工之妙。其實錢本身沒腦，會為錢做壞事的不是錢而是人。金錢絕非萬能，可是現代社會沒有錢也往往是寸步難行。金錢至上並非要灌輸孩子錯誤的觀念，而是要了解金錢如此珍貴，但也有著改變人心的危險的一面，一個人如果無所不用其極地追逐金錢，而沒有價值觀和道德觀，不僅會變成一毛不拔的金錢奴隸，也有可能鋌而走險。以下來分享一下如何做好家庭的金錢教育：

1 正直：金錢教育應該以「正直」為基礎，有些人急著想要賺更多的錢，就投機取巧、偷搶拐騙，導致網路上詐騙頻傳，2022 年不少台灣人被騙到柬埔寨任人宰割，下場非常悽慘。詐欺犯不在乎賺錢的正當性，只在乎「無論如何都要賺到錢」，可是請將心比心，如

果被詐騙的是你跟你的親人呢？你又做何感想？

最可怕的還發生在台灣，用利益把人引誘來，然後像綁豬仔一樣關起來，死了也不管。

其實賺錢只是人生的一個過程，重點是藉由這個過程來增加自己的能力，秉持正直的態度，你才能夠腳踏實地的過好自己的人生。

2 慈善：擁有金錢就擁有強大的力量，可以用來滿足自己也可以幫助別人。手心向下、知道感恩的人往往是最有福的。當你在困苦時一定很希望受到幫助，所以在你有餘裕時也要去幫助別人。要知道，錢只是一個工具，重點是它讓我們成為什麼樣的人。

在孩子小時候，陳重銘給孩子一隻存錢的豬公，他就很開心地一直往裡面丟銅板。有一天在報紙上讀到一位小朋友需要幫助，跟孩子講完後，他就拿出豬公說要幫助小朋友，孩子就會曉得金錢也可以用來幫助別人，這是比存錢更有意義的事，孩子內心的滿足是無可言喻的。

3 以身作則：父母的金錢觀會無時無刻地影響孩子，首先要調整自己的消費習慣，如果你肆無忌憚地購物跟刷卡，如何教導孩子節儉跟克制呢？如果父母可以認真記帳，孩子幫忙整理收據跟發票，一起檢討錢花到哪裡去，哪些東西不應該購買，就可以教育「雖然有

錢，但也不能亂買」。在父母的身教之下，孩子就會漸漸地懂得管理自己的零用錢，減少購物的衝動，將來才能學習如何讓金錢創造出更高的價值。當然，這件事有點困難，卻非做不可。

就跟吳淡如所說，就算你不寵壞小孩別人也會幫你寵壞小孩，尤其在這個少子化的社會。

 吳淡如說

有些時候有關省錢，肯定不能過度！你省錢可以，但也要「有方法」。我自己也沒有做得很好。比如，我小時候最討厭有人強迫我吃東西，所以我就不太強迫小孩吃東西。在小熊上學的時候，有一次老師發現她因為吃不下，偷偷地想要把食物倒掉，於是她就被老師說了一頓，從此就不敢在營養午餐舀過多的食物，懂得吃多少再拿多少。我非常感謝老師罵過她，因為小孩在校發生的事情，的確家長也不可能完全知道。

現在我煮宵夜給她，我都會問你有多餓？要有幾個水餃？而不是煮了一大堆，還害得自己變胖！很多理財的重要原則，都不是父母嘴裡講的，是要在日常生活實行的，有實際教訓，才會記得！

4 經濟獨立：幫孩子開一個銀行帳戶，將他的零

用錢、壓歲錢、獎學金……都存在這個帳戶內，父母也可以給孩子一筆錢，用他的帳戶投資股票。告訴孩子戶頭裡面的都是「他的錢，但現在還不能給你」，可以讓孩子看存摺並一起管理錢，孩子會看著那筆錢透過投資慢慢地長大，這筆錢可以幫助他將來留學、買房子、創業，但是在變成他的錢之前，孩子要先學習忍耐，並了解投資也是「忍耐的報酬」。

事實上我反對媽媽在過年之後就把小孩的紅包收起來，放進自己的口袋裡。當然我知道，因為媽媽也相對付出了別人小孩的紅包！

但是小孩的紅包數量都不多，是不是拿這個數目來教他理財比較好？把這筆錢放進口袋，你也一下子就花掉了，把它放進他們的教育基金帳戶如何？我祖母從小就教我儲蓄，當時有農會的帳戶，可以幫孩子開戶，一天存入一兩元都可以（現在想起來這真是一個不怕麻煩的德政啊！），所以我養成了一種習慣：看到農會帳戶的數字增加，也會覺得心裡滿踏實的，因為買東西買完就看不到了，買來的東西也並不是真的很有用啊！

金錢觀就是在日常生活中慢慢養成的，光說教沒有用！

陳重銘說

5 用勞力賺錢：親身體驗並從過程中學習，才是最好的教育。可以透過幫忙買東西、做家事，或是考試進步再給予獎學金，讓孩子明白只有付出勞力，才能夠得到報酬。當然有些教育專家反對如此，但是吳淡如和我都支持。不要認為讓孩子做家事會剝奪他讀書的時間，如果孩子從小學會靠自己的力量賺錢，他才會發現「交換價值」不容易，未來在社會上打拚時也會更有自信。

6 外在與內在平衡的心態：人跟人之間往往會相互比較，孩子也會常常羨慕有錢的同學，華人父母通常就會用「雖然我們買不起那些東西，但是家庭很幸福」來安慰孩子，可是幸福並不足以在社會上生存。這個抽象的幸福也似乎在暗示「沒有錢也沒有關係」的意念，只是一個堂而皇之的藉口，這樣並不能夠做好金錢教育。其實父母在面對孩子「我們買不起」的沮喪時，不需要過度強調心靈的重要性，而是要灌輸「雖然我們現在買不起，但是我們會努力讓自己買得起。」孩子才會有積極的動力。孩子不會考試或不用功讀書，考了不及格，你會安慰他：「我們知足常樂。」、「沒關係，我們家庭很幸福了」嗎？

人生一找藉口，就沒有改進空間了。上梁找藉口，下梁一定歪。如果你老了，沒人付醫藥費，孩子說：「沒關係，活短一點，人生很幸福就好。」你會覺得好棒棒嗎？

　　7 **讓孩子自己選擇**：當孩子需要買東西時，例如書包、文具、筆記本、零食……，許多父母擔心孩子判斷能力不夠，或是會買到高價品，就不讓孩子選擇，而是自己幫孩子做決定。其實孩子在選擇的過程中，可以比較東西的品牌、功能、價錢，慢慢訓練出自己的標準，也可以學習萬一錢不夠時，要如何的犧牲跟取捨。所以父母只能在旁輔助，不要取代孩子選擇的權利。

　　8 **讓孩子知道有錢可以買自由**：讓孩子管理錢，他就會曉得沒錢就沒有購物的自由，了解到金錢跟自由其實是息息相關的。當孩子詢問「為什麼要讀書？」家長跟學校比較好的標準答案是「要學習專業的能力」和「在社會上可以立足的能力」，不過，如果要追究起什麼是「專業的能力」？那答案就是「幫公司跟老闆賺錢的能力」，然後讓老闆一家自由自在地過活！

　　孩子如果了解到金錢能夠帶來的自由，就會站在老闆的角度思考，努力學習投資或是創業，讓錢跟員工來幫他賺錢，他就可以享有更多的自由。這才是金錢的最高意義：讓自己成為創造價值的人！

9 為什麼要省錢：勤儉是一種美德，但是物價一直上漲，儲蓄只會讓你的錢越存越薄。老一代的觀念一定要改變！在民國 80 年代，當時銀行定存利率還有 7% 以上，如果有 1,000 萬存款，確實可以靠著利息來退休；可是現在定存利率卻只有 1.2%（2022 年底），1 千萬存款每個月只能拿到 1 萬元的利息，完全不夠生活。而且一般人也很難存到千萬元，所以只強調省錢跟儲蓄是不行的，因為通膨會導致物價攀升，存款的購買力會隨著時間不斷的流逝。省錢的重點還是「用錢來幫我賺錢」，錢賺錢其實就是「複利」的遊戲，讓孩子了解除了靠勞力賺錢之外，還有其他更有效率的方法。

10 72 法則：這是一個誰都要會的基本「經驗公式」，用來計算資產翻倍所需要的年數。如果有 100 元，假設每年的報酬率為 6%，那麼 72 ／ 6 ＝ 12，就表示在 12 年後你的 100 元會變成 200 元，這就是「錢滾錢」。72 法則說明了「報酬率」跟「時間」的關係，如果報酬率增加到 12%，那麼只要 72 ／ 12 ＝ 6（年）就可以將資產翻倍，想要快速累積資產，就要想辦法增加報酬率。以現在定存利率 1.2% 計算，需要「60 年」才能夠將資產翻倍，可是 60 年後物價漲翻天了，所以千萬不要靠定存來理財，因為你沒有 60 年可以浪費。

⓫ 從失敗中進步：小孩學走路是在不斷跌倒中學習，學習騎腳踏車會不斷地摔車，練習游泳也會一直在嗆水，這都是邁向成功所必經的過程。失敗並不可怕，重點是在過程中學習到了哪些經驗。沒有人是真的「不敗」，能早一點失敗，比到老還失敗會更好。因為年輕時的失敗，你還有力氣站起來。

在我投資股票的生涯中，其實也一直遭受失敗的打擊，但是曉得失敗了並不會導致毀滅，現在的失敗經驗卻會讓自己繼續成長。有一次股市大跌，資產瞬間蒸發 200 萬元，我告訴自己如果連 200 萬都忍受不了，將來怎樣承受 2 千萬的損失呢？能夠遭逢 2 千萬的損失，表示我的資產又增加了 10 倍，所以我會容忍眼前的失敗，從過程中學習，努力讓自己成長。「失敗為成功之母」，絕對不是一句口號，如果你肯檢討自己的問題再站起來。如果你只會怪自己運氣不好，那就沒救了。

⓬ 適度的匱乏：不要讓孩子「要什麼有什麼」，首先他會不曉得感恩，然後會以為父母是欠他的，漸漸地養成茶來伸手、飯來張口的習慣，也就不曉得要靠自己去努力獲得。適度地讓孩子了解貧窮的匱乏，可以讓他正向的面對貧窮，並培養出克服貧窮的力量。而且當孩子嘗試到貧困的痛苦後，也會更加珍惜手中的資源，會開始思考「金錢」跟「想買的東西」之間的關係。體認到沒有錢的痛苦之後，就會產生出強大的前進動力，會願意犧牲眼前「想要」的小確幸，努力節約手中有限的金錢，然後讓錢來幫他賺錢。

很多的上班族淪為「月光族」，就是小時候沒有接受正確的金錢教育，只曉得隨著大家「讀書、升學、就業、賺錢、花錢」，一輩子陷入「賺錢、花錢、賺更多的錢、花更多的錢」這個無限輪迴中。學習投資理財，靠著「錢滾錢」可以把你從「錢不夠用」的困境中解救出來。而且在經歷成功與失敗的過程中，你可以學習到總體經濟、產業趨勢、公司評估、資金流向等知識，你不再只是一個「朝九晚五」的上班族，而會進化成一個「錢滾錢」的資本家，你看待世界的角度會越來越廣，人生也會不斷地成長。當你不再為三餐奔忙，你對人生的視野會更寬廣！📊

14

股票也可以是很好的禮物

　　台灣的出生率直直下降，真的是國安危機，但是年輕人普遍認為自己都快要活不起了，怎麼還養得起小孩？那麼扶養一個小孩長大，直到出社會工作，要花多少錢？學費、生活費、補習費、零用錢等，二十幾年加起來，幾百萬應該是跑不掉的，甚至有人從幼稚園到小學就花了幾百萬！結果，因為父母不會理財，孩子的教育費在小學、中學花完，讀大學時很多孩子只能辦助學貸款，我看過不少家長，還告訴小孩，反正「沒利息」，不貸白不貸！助學貸款不是不用還，是一筆會跟著你到老的債務，如果還要栽培到國外讀書，恐怕就要上千萬了！乍看之下，恐怕更不想生小孩了吧。那麼，如果你生小孩，別人幫你養小孩呢？不就生得起、養得

起了？來看看陳重銘的故事吧！

 ## 陳重銘說

我一直都是個薪水幾萬塊錢的上班族，我發現社會是一個大金字塔，底部有很多低薪、工作繁重的上班族，而金字塔尖端上高薪、工作輕鬆的人卻很少。隨著孩子一一誕生，我不禁思考起一個問題：萬一我的孩子將來不會讀書，或是找不到好工作，要是他們在金字塔的底部要怎麼辦？孩子會不會讀書要看天賦跟努力，有沒有高薪的工作則是要看機遇，未來不是我能夠掌控的！

但是，我可以掌控現在——先幫孩子種一棵搖錢樹，陪伴他們長大，孩子長大後工作的收入可以負擔生活開銷，搖錢樹產生的股利則會幫他繳房貸，人生應該會輕鬆很多。我在孩子很小的時候就幫他們開戶，但是要有錢才能夠買股票，於是很仔細研究善用合法贈與的方法。

幫孩子存股票的好處

記得當時一年可以免稅贈與 100 萬，我就先贈與大女兒兩年，在她的戶頭內買股票，往後就不再贈與金

錢，而是用每年的股利持續買回，2022 年時股票總額已經突破 2 千萬，如果用一年 6％的殖利率計算，每年會產生 120 萬的股利，可以幫助她升學、留學、繳房貸、創業，股票這棵搖錢樹都會幫她買單。各位家長一定要幫孩子存股票，因為有下面的好處。

1 節省補充保費：健保補充保費有一個門檻，就是「單筆達到 2 萬」才要課徵 2.11％。拿中信金（2891）舉例說明，2022 年每張發放 1,250 元現金股利，如果持有 60 張就會領到 75,000 元，因為超過 2 萬的門檻，就要繳交 75,000×2.11％ ＝ 1,583 元（會直接扣走）。但是如果將股票分散在 4 個家人身上，每個人的股利都沒有超過 2 萬，就都不用繳交補充保費，可以省下 1,583 元，拿來聚餐吃飯也不錯。

分散持股來節省健保補充保費					
	未分散	平均分散			
家人	爸爸	爸爸	媽媽	兒子	女兒
張數	60	15	15	15	15
股利	75,000	18,750	18,750	18,750	18,750
2 萬門檻	超過	未超過	未超過	未超過	未超過
補充保費	1,583	0	0	0	0

2 節稅：因為一開始是把資金「合法贈與」給小孩，如果將來投資順利變成了大錢，這筆資金都是合法的，不會被課徵贈與稅跟遺產稅。但是如果因為孩子長大後要買房，想要一次給他 2 千萬，這筆錢就必須要繳交贈與稅，如果逃稅的話還會被罰錢。

台灣的遺產稅過去多年來本來非常地高，之前曾高達 40％以上。曾經調低到 10％，幾年前又變成 20％。我想應該沒有人希望自己努力了半輩子，有很多都分給政府吧。如果你不懂得每一年用贈與節稅，那麼政府會變成你的親生兒子，肯定來分你的錢！不過，比較尷尬的是，你要用贈與來節稅恐怕也不要讓孩子知道，可能要每年祕密進行，用分散持股是很好的方法，否則他們也不用努力，每天都在那裡「等」，等著命運交響曲在他面前演奏就好。📶

 吳淡如說

我也曾經跟一個年過 40 歲沒有打算結婚，也沒打算生孩子、錢賺得多卻一直過度節儉的朋友打趣說：「你還是對自己好一點吧，免得你掛點的時候，你最親的人全都高興起來！」這雖然是風涼話，但是朋友很接受，她知道這是真理。我們就來談一談遺產稅。

以 2020 年來說，遺產稅標準免稅額調升至 1,333 萬。以免稅額來算，簡單來說：單身約 1,500 萬免稅、有結婚生子的約 2 千萬免稅額，但是掛點以後的，太晚了。

　　我們要談的是「現在可以規劃」的，先帶大家了解贈與的概念：父母贈與給子女，每人每年贈與免稅額有 244 萬，如果有父有母可以善用兩人贈與所得，「一年」可以贈與 488 萬。用持股來贈與，比現金好，因為可以隨著經濟的成長而增加，不會被通膨稀釋。（當然，請你買那些「它倒掉、國家就會倒掉」的股票，拜託不要買飆股好嗎）不動產當然可以贈與，也有一些好處，因為房屋贈與是採取「公告現值」、土地是採用「公告地價」，舉例來說，如果房屋的市價是 1 千萬，但公告現值可能約 300 萬！但是不動產的確比較麻煩，現在還有房地合一稅的問題，它必須要管理，多數也還有貸款……。你可能要想到孩子付不起貸款該怎麼辦？萬一需要錢，在變賣上，也不是一個明天就可以出脫的東西，在變現率上並不如股票！

　　3 長期投資：有些我看好要長期投資的股票，就會放在小孩的帳戶內，因為放在自己帳戶內，有可能手癢就隨便賣掉。例如我們看好越南的未來發展，就先把錢贈與給小孩，在孩子帳戶內買進中信越南機會基金

跟富邦越南 ETF（00885）。因為是幫孩子存股，就有耐心長期投資。雖然它在成立以來跟著疫情後越南的經濟狀態有不小的跌幅，但是只要你看重一個國家的未來發展，可以小額長期的存，畢竟我們很難去越南買股票！ᵢₗᵢ

免稅贈與必須年年利用

想要贈與金錢給孩子之前，要先了解相關的稅法，以贈與稅來說，每人每年有 244 萬的免稅額，稅率會隨著金額往上調，如下表所示：

民國 111 年贈與稅標準		
稅目	課稅級距	稅率
贈與稅	免稅額 244 萬	
	2,500 萬以下	10%
	2,500 萬以上～ 5,000 萬	15%
	5,000 萬以上	20%

1 免稅額 244 萬：這是指出錢的人，例如有兩個小孩，爸爸可以免稅贈與 244 萬，每個孩子拿到 122 萬。有些人以為是每個孩子可以給 244 萬，於是爸爸拿

488萬贈與給兩個孩子，結果超過的244萬必須要補稅甚至是罰款。

2 夫妻間免稅： 如果要同時贈與兩個小孩共488萬，爸爸可以先贈與244萬給媽媽，夫妻之間贈與是免稅的，然後父母分別贈予244萬給兩個孩子，就可以合法免稅。

3 善用跨年度： 如果孩子長大後購屋需要大筆資金，父母可以先在年底一起贈與488萬，然後隔年初再贈與488萬，只要一個月就能夠免稅贈與976萬。如果不懂得合法贈與的技巧，爸爸一次給孩子976萬購屋，被國稅局查獲之後，首先會扣掉244萬的免稅額，剩下的732萬必須要繳交10%的贈與稅，也就是73.2萬元，然後再罰一倍的73.2萬元罰金，連補帶罰就高達146.4萬元喔！懂得合法贈與，真的差很多。

每年贈與488萬免課稅

投資理財可以說是「未雨綢繆」，在孩子誕生前先準備一筆教育基金，孩子出世之後馬上到證券公司開

戶，然後把錢贈與在孩子帳戶內投資，假設長期投資的平均年報酬率為 10％，不同金額與年數的試算如下表所示：

年均報酬率 10%						
贈與金額 （萬）	第 5 年	第 10 年	第 15 年	第 20 年	第 25 年	第 30 年
25	37	59	95	153	246	397
50	73	118	190	306	492	793
100	146	236	380	612	985	1,586
200	293	472	759	1,223	1,970	3,173

　　為了不要讓辛苦所得落外人田，中產階級父母特別要注意：

　　1 有做比沒做好：父母是小資上班族，只有贈與 25 萬也沒關係，要知道有投資比較重要，剩下就靠時間的長期複利。在 25 年後會累積到 246 萬，可以幫助孩子出國留學；或是在 30 歲時有 397 萬，當作孩子買屋的頭期款。如果是高資產人士，贈與 200 萬給孩子，孩子 25 歲研究所畢業後，已經累積到 1,970 萬，每年領到的股利都超過他一年的薪水，人生真的贏在起跑點上。

2 只進不出：放在孩子戶頭的股票與資金，要記得只能進、不能出，孩子每年領到的壓歲錢、獎學金，也要一直存起來進行投資，加快累積股票資產的速度。幫孩子存股票是一個長遠的規劃，目的是在他畢業之後幫他一把，例如出國留學、購屋、創業，所以過程中絕對不要將錢領出來，每年領到的股利也要持續買回。記得這個帳戶不要辦提款卡，也不要辦理線上轉帳的功能，確保錢不會流出。

存股也是一個「學中做，做中學」的教育過程，孩子看著他的零用錢、壓歲錢……，變成一張張股票，再看到股利一直進來，就會了解錢也可以幫他賺錢，這才是最寶貴的教育。孩子長大後不一定有機會到台積電上班，上班賺錢也不一定輕鬆，但是幫孩子存台積電的股票，就等於台積電在幫他賺錢了！

投資就是善用別人的時間跟智慧，來幫你賺錢。大多數人都是小資的上班族，資金不多就只能夠靠時間複利來讓資產變大，人生最寶貴的就是時間，小孩的時間比你多，從小幫孩子存股票，他會感激你教他的事，而不是等到「將來某一天」因你給他那一筆錢而額手稱慶！

15

告訴孩子為什麼要存錢？

　　父母不能只是教孩子把錢放進撲滿或是銀行，更要讓孩子知道存錢的用意跟目的。一般而言，存錢是為了：「未雨綢繆」、「確保固定支出無虞」、「為特定目的存錢」這三種。而且，最重要的是讓孩子記住第四種：「存錢是為了投資」！

　　1 未雨綢繆： 賺到錢應該要將一部分存起來，在碰到意外時才不需要跟別人借錢。2020 年肺炎疫情蔓延全球，也影響到許多人的生計，例如公司或餐廳被迫關門，打工人員因此減少甚至沒有收入，如果還要負擔房貸、學費、生活費、保費、醫療費……，壓力就會很大。所以最好在銀行存一筆半年到一年的生活費，在意外降臨時才不會手足無措，不然沒了工作又要背負生活

的支出，真的是蠟燭雙頭燒。

2 確定固定支出無虞： 除了平時的食衣住行之外，小孩子每學期都要繳學費，每個月要繳房貸、保費，這些都是確定的支出，平時就要靠儲蓄來準備好。雖然每個人都有存退休金養老的觀念，不過到現代也備受考驗：因為醫療進步導致平均壽命不斷增加，靠儲蓄來當作退休金並不是一個好方法，因為生活費的支出會讓錢不斷變少，萬一將來活太久怎麼辦？而且物價逐年高漲，存在銀行中的錢也會因為通膨而變薄，所以還是要更積極地用投資來取代定存，才可以活好、活滿自己的人生。

3 特定目的： 例如想要買一支新手機、買筆電、聽演唱會、出國旅遊……，有了特定的目的之後，但是手邊卻沒有足夠的錢，就只能夠節省支出，努力將錢存起來。

▤ 被動存錢只會讓購買力消失

存錢雖然是很好，但是要先認真工作賺錢，再勒緊褲子減少開銷，才會有多餘的錢可以存，所以存錢其實是一個不斷開源跟節流的過程，也是挺辛苦的。那麼可以靠存錢致富嗎？根據主計總處調查，2021 年國人平均薪資為 68.18 萬元，平均一個月就是 68.18 ／ 12 ＝

5.68 萬，如果在負擔房貸（或房租）、生活費……之後，一個月存下 1 萬元，用定存利率 1.275％（2022 年 10 月）計算的話，從 20 幾歲開始工作存錢，一直到 65 歲退休的話，40 年也只能夠存下 626.4 萬元，看起來也不會太迷人。

		每月存 1 萬元，利率 1.275%			
年度	10 年	20 年	30 年	40 年	50 年
總額（元）	1,280,493	2,735,015	4,387,219	6,263,970	8,395,786

　　從上表可以看出存錢的速度是很慢的，例如在 10 年期間總共投入 120 萬元，但是靠著定存只能累積到 128 萬元，10 年的利息僅僅只有 8 萬元，可是 10 年後物價會上漲多少呢？就算存了 50 年達到 839.6 萬元，可是那時候也 70 幾歲了，就算有錢也無法享受人生。而且 839.6 萬元其實也不一定夠用，如果一個月生活費需要 7 萬（50 年後的物價會很高），也只能夠支撐 10 年左右，萬一將來活太久怎麼辦呢？

　　除非每個月能夠存下 5 萬元，40 年後累積到 3,132 萬元，晚年的退休生活才可以安心一點，但是有多少人一個月能夠存到 5 萬元呢？對於大多數的人來說，靠著存錢來安度晚年是不太實際的，因為定存的利率太低，

而且通膨會導致物價不斷上漲，存款的購買力只會不斷消失，被動的存錢還是不夠的。

➡ 沒有打敗通膨，存的錢就一直被偷走

存錢的缺點就是要不斷工作賺錢、節約存錢，然後放在銀行中的錢還會受到通膨侵蝕，只能說是治標而不能治本。如果想要完全解決錢不夠用的煩惱，必須要更積極管理手中的錢，也就是主動出擊，藉由「投資」來增加手中的財富，而且投資的報酬率要打敗「通膨率＋定存率」。

根據中華經濟研究院的估測（2022 年 7 月），台灣 2022 年消費者物價指數（CPI）年增率，即一般所稱的通膨率預估值約為 3.11％（這裡要提醒你：官方公布的都是不想嚇死大家的保守數據，我們估量通膨的方式和歐美不同），如果用定存利率 1.275％計算，合格的投資報酬率＝ 3.11％＋ 1.275％＝ 4.385％。

超過 4％的報酬率，已經很不容易！如果你全款買房，那麼台北市能找到 2％的房租報酬率已經偷笑了！

那麼要如何達到 4.385％的報酬率呢？答案是換一個腦袋！與其當銀行的客戶，還不如當銀行的股東。有些人對於投資還是有一些心理障礙，覺得股票將來可能會變壁紙，還是存定存最安全？其實還是要轉念想一

想，你因為怕中信金倒閉所以不敢買中信金的股票，然後把錢放在中信銀定存，這個邏輯有沒有奇怪呢？

股市實例解析

看看下表的統計資料，中信金（2891）在 2022 年發放 1.25 元股利，年平均股價為 25.8 元，年均殖利率 ＝ 1.25 ／ 25.8 ＝ 4.84％，也就是你投資一塊錢後可以拿回 4.84％的報酬。統計 2018 ～ 2022 年，中信金 5 年的平均殖利率為 4.88％，合庫金（5880）則是 5.29％，是不是都打敗「通膨率＋定存率」的 4.385％呢？所以你是要當銀行的客戶，拿少少的 1.275％定存利率，還是要當銀行的股東，賺取約 5％的報酬率呢？這可是銀行定存的 4 倍喔，聰明的你應該知道要如何選擇。

	金融股年均殖利率 (資料日期到 **2022/10/04**)					
	中信金 (2891)			合庫金 (5880)		
年度	股利（元）	年均股價（元）	年均殖利率（%）	股利（元）	年均股價（元）	年均殖利率（%）
2022	1.25	25.8	4.84	1.3	27.2	4.78
2021	1.05	22.5	4.67	1.05	21.7	4.84
2020	1	19.8	5.05	1.15	20.2	5.69
2019	1	21	4.76	1.05	20.1	5.22
2018	1.08	21.3	5.07	1.05	17.7	5.93
平均	1.08	22.08	4.88	1.12	21.38	5.29

　　存錢，絕對不是要讓你當一個把錢留在身上的守財奴，而是要把金錢做出最佳運用，存錢的最終目的有：

　　1 投資：只要積極地投資理財，金錢也會是一個幫你賺錢的工具，你才可以更快速累積財富。

　　2 消費：有了積蓄才可以應付日常支出，滿足生活所需，讓生活越來越幸福，這才是存錢的目的。

　　3 投資支付消費：靠著存錢來支付消費，其實只是被動的，因為你的錢並不會增加；而是要藉由主動投資，幫自己創造額外收入（股利），讓它來支付你的日常開銷。

股市實例解析

　　每年 9 月蘋果出新手機，應該是果粉最開心的事情，不買新手機會傷心，買了之後荷包更會傷心，兩難啊！要是每年能夠拿免費的蘋果手機，該有多好呢？手機不會從天上掉下來，人還是要靠自己，來看看聯強（2347）這支股票的表現吧。

聯強 (2347)						
年度	2018	2019	2020	2021	2022	平均
股利 (元)	2.2	2	2.6	3.3	5	3.02
年均股價 (元)	40.7	37.4	41.4	54	64.6	47.62

過去 5 年 1 股平均發放 3.02 元，持有一張股票（1,000 股）就可以拿到 3,020 元。我在 2021 ～ 2022 年陸續買進 50 張，往後每年應該可以領到 15.1 萬（用平均股利 3.02 元計算），所以只要拿著每年聯強給的股利，到聯強的門市幫全家買最新的蘋果手機，都是聯強在買單，這輩子再也不用存錢買手機了！藉由存錢來進行投資，將來就有源源不絕的股利來養你一輩子，這才是存錢的最終目的。

存錢的主要目的

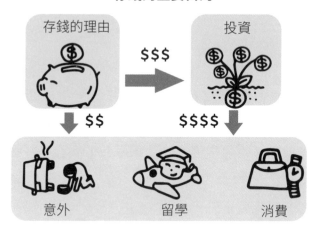

16

從飲料買賣看資產與負債

　　這也是新時代中一定要讓孩子明白的觀念：區分負債和資產，並且愛護我們唯一的命脈地球！塑膠垃圾在自然界中需要幾百年才能夠分解，造成全球環保危機，目前全球每年流入大海中的塑膠垃圾約有 800 萬噸，塑膠垃圾會因為太陽光紫外線的照射而脆化，再被海浪拍打後碎成塑膠微粒，被小魚當作食物吃下去，然後大魚又吃小魚，人類再來吃魚就等於吃回塑膠微粒。

　　2022 年荷蘭的大學做了一個研究，科學家分析 22 名健康成年人的血液樣本，結果有 17 個樣本檢驗出塑膠微粒，比例高達 77.3％，這也是首度在人體血液中發現塑膠微粒，塑膠微粒可以經由血液在人體內傳播，然後滯留在內臟器官裡。根據「綠色和平組織」調查，

光是 2020 年，台灣一次性塑膠飲料杯的使用量就高達 20 億個，絕大部分都是來自手搖飲料店、超商跟咖啡店⋯⋯等。為了保護地球生態與人類的未來，限制塑膠使用量是刻不容緩。

一年 20 億個塑膠飲料杯，除了會造成環境危害，其實也會產生一股龐大的現金流喔！假設一杯飲料的平均售價是 50 元，20 億杯就是 1 千億台幣，不過要先扣掉飲料的成本、員工薪水、水電跟店租⋯⋯，如果一杯售價 50 元的飲料，扣掉生產成本之後的淨利是 20 元，毛利率＝ 20 ／ 50 ＝ 40％（網路查詢，有些飲料的毛利率高達 50％以上）。

從下頁圖的現金流分解，可以看出每年有 1 千億台幣，從顧客（上班族、學生）的口袋流出去，然後有 400 億元流進飲料店老闆跟股東的口袋。所以，最辛苦的還是出錢買飲料的人，因為錢一直流出他的口袋。

分解現金流的重點，是要讓你知道錢從哪裡流出、哪裡流入，然後遠離流出的地方，並且站在流入的一方，你就會隨著現金的流入而越來越有錢。從飲料的買賣，可以了解「資產」與「負債」的概念，並清楚錢是如何流動的。

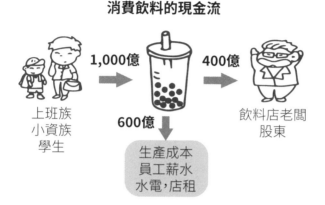

消費飲料的現金流

1 負債： 會讓錢流出你的口袋。喝飲料只會讓你一直花錢，還可能搞壞你的健康，所以是負債。沒事喜歡玩手機遊戲，不僅要花錢儲值更會浪費時間，這也是負債。

2 資產： 會讓錢流進你的口袋。電影《功夫》裡的包租婆都不用工作，靠著收房租就一直將錢放進口袋，房子就是她的資產。投資股票來領股利，股票就是你的資產。

3 窮人買進負債： 喜歡用錢來換取快樂，導致錢一直流出去，所以最後就變成窮人。

4 富人買進資產： 把錢當成工人來幫自己賺錢，讓錢一直流進來，最後一定變成富人。

錢的流進還是流出，決定你是窮人還是富人

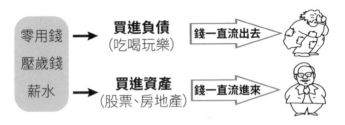

📭 洗心革面！不再成為月光族！

很多人心裡面很想要藉由投資來累積資產，但是到了月底通常都把錢花到一毛不剩，成為口袋光光的「月光族」。根據 2021 年人力銀行的調查，39 歲以下的受訪者中，有 34.8％的人每個月薪水扣掉生活開銷後，幾乎歸零而無法儲蓄。月光族不僅無法拿出意外的緊急支出，更沒有閒錢投資股票來累積資產。月光族究竟要怎麼做，才能夠存錢並累積財富？除了改掉花錢沒有計畫、習慣「小確幸消費」之外，還要戒除以下壞習慣：

1 **喜歡瀏覽購物 APP**：現在手機購物實在太方便，大家紛紛下載各式各樣的購物 APP，閒暇時滑來滑去就會「突然看到想買的東西」，於是口袋中的鈔票便會離家出走，然後家裡又多了一些可有可無的商品。

2 **追求網紅生活**：看到網紅介紹的商品、吃哪一間餐廳、看哪一部電影……，就跟著去購物、吃飯、看

電影、聽演唱會……。然後馬上在網路上分享、跟朋友炫耀，把自己也當成網紅一樣。可是你要先衡量自己的財務能力，不然很快就會發現每個月都入不敷出！

3 先花錢再存錢： 月光族的特點是把花錢犒賞自己擺在第一，但是人的購物慾望是無限的，最後就是不斷花光自己的錢。如果你每個月都超支，建議先把信用卡剪掉，更不要網路購物，改用現金消費你才能夠感受到「錢怎麼花這麼快」。

4 看到打折就忍不住： 貪小便宜是人的天性，看到購物節或是百貨公司周年慶，不爆買一波就會覺得對不起自己。超商購物時看到「加1元多1件、任選2件66折」，就會不經思索的通通帶回家。貪小便宜的下場，往往是買了一些多餘的商品，再來後悔當初為什麼要買？

月光族的特點就是腦電波薄弱，口袋有錢都是先花再說，無意識間讓自己花太多錢。想要擺脫月光族的命運，重要的是維持良好的消費習慣，消費之前一定要思考究竟是「想要還是需要」，不要被降價所誘惑，商人降價，就是要吸引你來買！最重要的是「多帳戶管理」，將薪水分成「生活、儲蓄、投資」等帳戶，當薪水入帳時就要將錢自動存進不同帳戶中，然後有紀律的執行，消費購物只能夠動用「生活」帳戶中的錢，才能

夠做好儲蓄跟投資的規劃。要知道，成功的人是先把賺到的錢拿來投資、儲蓄，剩下的才是能花費的錢。

　　所以，決定你將來變成富人或是窮人的，其實是你對金錢的態度。窮人往往是喜歡小確幸，在不知不覺中花光了手中的錢，然後希望藉由加班、兼差來賺更多的錢，最後也只是把自己搞到更累。所以大多數的窮人都身陷「賺錢→花錢→賺更多的錢→再花更多的錢……」這個無限輪迴中。萬一將來生病、受傷、年紀大了，無法再賺錢了怎麼辦？

複利的威力大於原子彈：
開源節流，越早開始越好

　　富人知道自己一個人的時間跟精力都有限，所以

會善用金錢這位工人來幫他賺錢，只要他累積更多的資產，就會有更多錢進入口袋。例如中信金在 2018 至 2022 年間平均 1 股配發 1.08 元股利，富人只要買 1,000 張，一年可以領到 108 萬元，他就不需要花時間上班賺錢了，因為中國信託的員工會認真幫他賺錢。

有不少網友說他也想要投資股票，但是薪水就只有那麼多，扣掉生活費後所剩無幾，要怎麼辦呢？畢竟巧婦難為無米之炊，投資股票的第一要點就是要有錢，重點是「開源」跟「節流」，然後靠著股利自動累積資產。

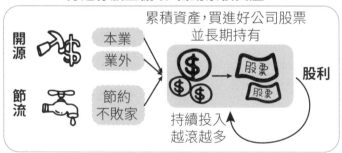

打造存股正循環，自動累積資產

1 開源：又可以分成「本業」跟「業外」，在本業上要盡量精進，謀取將來加薪或跳槽的機會。假日也可以兼差來增加業外收入，但是會讓你更累也會壓縮休閒的時間，所以不要將業外當成長期的收入。

2 節流： 以「需要」來替代「想要」，戒菸、戒酒、戒飲料，不但可以省錢還賺到身體健康。盡量帶便當來當成上班的午餐，並避免下班後的聚餐。在都會區就盡量搭乘公車跟捷運，可以減少買車跟養車的開銷。

3 股利買回： 開源跟節流下來的錢其實也不會太多，所以更要做好妥善的運用，例如買進好公司的股票，就可以長長久久的領股利。每年領到股利之後也要持續買回，你的股票就會越來越多，將來可以領到更多的股利，再買回更多的股票……，這就是一個讓資產不斷成長的「正循環」。

觀察全球富人的訣竅，不論是企業大佬、房地產大亨、投資大戶……，都是擁有一個正循環在幫他賺錢，而且資產還會自動的「一暝大一寸」。小資族或許覺得

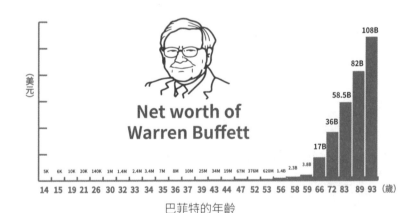

巴菲特的年齡

就算再怎樣努力開源節流，辛苦幾年也只能存到幾十萬，這個正循環會不會太小呢？**其實正循環的重點是：「開始，越早越好」**。愛因斯坦說：「複利的威力大於原子彈。」正循環就是複利，就算剛開始的時候比較小也沒關係，能夠早一點開始是最好，複利的威力就會在你的人生中出現，一點一滴的改變你的將來。

巴菲特說：「我一生 99％的財富，都是我五十歲之後獲得！」用現在往前推，巴菲特 90％的財富都在他 85 歲之後獲得！所以你還很年輕！複利作用撐越久越強，請一定要現在開始理財。我們就用這張圖表當本書的句點，一起展望吧！

Big 叢書 411

人生實用商學院：培養理財的富腦袋

作　　　者 —— 陳重銘、吳淡如
主編暨企劃 —— 葉蘭芳
校　　　對 —— 聞若婷
封 面 設 計 —— FE 設計葉馥儀
內 頁 插 畫 —— Littse
內 頁 排 版 —— 張靜怡
封 面 圖 片 —— 陳重銘：Money 錢
　　　　　　　吳淡如：好房網

董 事 長 —— 趙政岷
出 版 者 —— 時報文化出版企業股份有限公司
　　　　　　108019 臺北市和平西路三段 240 號 3 樓
　　　　　　發行專線 ——(02) 2306-6842
　　　　　　讀者服務專線 —— 0800-231-705・(02) 2304-7103
　　　　　　讀者服務傳真 ——(02) 2304-6858
　　　　　　郵撥 —— 19344724 時報文化出版公司
　　　　　　信箱 —— 10899 臺北華江橋郵局第 99 信箱
時報悅讀網 —— http://www.readingtimes.com.tw
法 律 顧 問 —— 理律法律事務所　陳長文律師、李念祖律師
印　　　刷 —— 勁達印刷有限公司
初 版 一 刷 —— 2023 年 3 月 10 日
定　　　價 —— 新臺幣 330 元
（缺頁或破損的書，請寄回更換）

時報文化出版公司成立於一九七五年，
一九九九年股票上櫃公開發行，二〇〇八年脫離中時集團非屬旺中，
以「尊重智慧與創意的文化事業」為信念。

人生實用商學院：培養理財的富腦袋／陳重銘、
吳淡如文 . -- 初版 . -- 臺北市：時報文化出版企
業股份有限公司, 2023.03
208 面；14.8×21 公分 .
ISBN 978-626-353-478-0（平裝）

1. CST：個人理財　2. CST：投資

563　　　　　　　　　　　　　　112000815

ISBN 978-626-353-478-0
Printed in Taiwan